JN096755

人財開発力を高める10の方法

編著 ─────
上井　光裕

著者 ─────
齊藤　信

土居　弘之

西郷　正宏

長瀬　進

湯山　空樹

今井　靖

小松　隆志

山内　慎一

藤原　圭佑

三恵社

まえがき

　本書は、現役の 10 人の人財開発を専門とする一般社団法人東京都中小企業診断士協会認定人財開発研究会（以下、人財開発研究会と略す）の有志が集まって、執筆した書籍です。

　各担当が、最新の文献やネット情報、企業診断を行っている診断士はその経験から、企業内診断士は、業界や企業内の課題と解決策を書き起こしたものです。

　人財開発に悩んでいる、企業の経営者の方々、管理職の方々、本書を参考にしていただき、課題の解決にお役立てください。

令和 4 年 11 月

人財開発研究会

代表　上井光裕

目　次

第1章　総論

第1節　人財開発とは何か

　人財開発の共著の書籍を出版しようと研究会の会員に提案した。募集したら 10 名ほどが集まって執筆、出版することになった。

　さて、私の担当は、第 1 章の総論である。第 2 章以降の各論を含めた全体図を描こうと考えた。しかし、ネットでもいろいろ調べたが、ちょうどいい図が見つからない。しょうがない、自作のポンチ絵を描く。第 2 章以降の執筆は、この図のどこかに該当している。

図 1 － 1　人財開発とその周辺分野

第 2 章以降の執筆者の課題を見て、やっぱり、これが今の中小企業診断士の課題、大きく言うと現在の中小企業の人材開発の課題になっている。ここでは、第 2 章以降の概要だけを書いておくため、読者におかれては、ここを読んで、興味のある分野に飛んでいただきたい。

第 2 章　人と組織

テーマは、「組織の力学を生み出す」。「なぜ日本の社員はやりがいが低いのか」という問いに対し、失われた 30 年や日本の労働慣行などからの因果関係を分析し「組織の力学」というキーワードに着目している。自然科学や心理学、脳科学などのさまざまな分野からのアプローチで人と組織の関係性を解き明かし、組織が壁を乗り越えるために必要なメッセージが書かれている。組織開発に興味がある方向けの章である。

第 3 章　人事評価

テーマは「組織マネジメントに活用できる管理者のための人事評価」。人事評価は、人材開発の中心的な課題である。本章では、人事評価の目的、基本原則が書かれ、さらに人事評価をマネジメントにどのように活用していくかが書かれている。また、評価の留意点、被評価者のモチベーションの向上策まで言及しており、部下を持つ人事評価を行う方向けの章である。

第 4 章　キャリアプランニング

テーマは、「キャリア」である。キャリアプランニングとは何か、スキルとキャリアの違いなどが詳しく書かれている。そして、中小

企業におけるキャリア施策について、相談窓口、研修、留意事項が詳しく書かれており、中小企業において、キャリア開発を担当する方向けの章である。

第5章　賃金・報酬制度

テーマは、「人と企業の活力をうみだす賃金制度」、これも人材開発の中心的な課題である。日本における賃金・報酬制度で、近年の働き方改革、同一労働同一賃金のインパクト、さらに人と企業の活力をうみだす賃金・報酬制度を述べている。賃金・報酬分野に従事する方向けの章である。

第6章　女性活躍

テーマは「中小企業における女性活躍」である。日本における女性活躍の状況が書かれ、次に中小企業における女性活躍の現状と課題、女性活躍の施策が書かれている。中小企業における女性活躍が課題の方向けの章である。

第7章　中高年労働者

テーマは、「シニアの活用について」である。シニア労働者の現況、や特徴、諸外国との比較、働き方に関する課題、モチベーションの向上策などが述べられている。シニアのマネジメントを行う方向けの章である。

第8章　外国人労働者

テーマは、「外国人労働者の評価と育成」である。まず、外国人労働者の現況と課題について述べている。そして中小企業における

ジョブカードを使った人事評価について述べている。外国人労働者のマネジメントをする方向けの章である。

第9章　健康経営

　テーマは、「中小企業における健康経営」である。健康経営とは何か、その重要性、メリットなどが書かれている。さらに中小企業における健康経営の導入の進め方を述べ、顕彰制度や支援制度などを紹介する。健康経営に興味のある方向けの章である。

第10章　ゲーミフィケーション

　最後のテーマは、「中小企業の人財開発におけるゲーミフィケーションの活用」である。ゲーミフィケーションとは何か、ゲーム化のメリットなどを解説する。次に、事例紹介を兼ねたストーリーによって、ゲームデザインのポイントやゲームフィケーションの導入の注意点などを説明している。モチベーションの促進に興味のある方向けの章である。

第2節 中小企業診断士と研究会

1. 研究会の存在

中小企業診断士は、他の士業と大きく異なることがある。それは「研究会」の存在である。他の士業の多くは、例えば弁護士や税理士、社会保険労務士などは法令に守られている。法令でその資格を持っていなければ、仕事を行ってはならないのである。これを免許資格という。一方、中小企業診断士は、法律では、「中小企業診断士」と名乗ってはならないとされているだけで、経営コンサルタントを行うのは、別段資格は必要としない。言わば、その実力を証明する「検定資格」なのである。

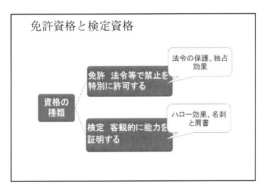

図表1-2　免許資格と検定資格

それでは、中小企業診断士は、どのように仕事をするのか、同じ分野の診断士が協同で仕事をするか、又は異なる分野の診断士と役割分担して仕事をするかである。

そのためには研究会の存在が大きい。研究会は、東京都中小企業診断士協会だけでも数十もあり、いろいろな分野ごとに存在し、活発に活動している。研究会の活動こそ、中小企業診断士の活動源となっている。

図表1－3に東京都中小企業診断士協会の研究会の一部を紹介する。

図表1－3　東京都中小企業診断士協会の研究会（一部）

分野	研究会名
製造業・建設業関連	建設業経営研究会 工場診断研究会
商店街	商店街研究会
ＩＴ関連	コンテンツビジネス研究会 コンピュータ研究会 ＩＴ利活用研究会
環境	エコステージ実務研究会 産業廃棄物処理業研究会
経営機能別管理	営業力を科学する売上ＵＰ研究会 事業承継研究会 人財開発研究会 組織開発研究会 ダイバーシティ研究会 ＢＣＰ・ＣＳＲ研究会 人を大切にする経営研究会
金融・企業再生等	企業金融研究会 ベンチャービジネスサポート研究会

出典：　ＨＰ　東京都中小企業診断士協会　研究会の紹介から

2．研究会の活動

　研究会の活動は、多岐に亘るが、毎月開催の月例会が中心で、これ以外に、プロジェクトチームを作って、特定のテーマについて業界マニュアルを作ったり、イベントに出展・参加したり、実際の中小企業さんの企業診断を行ったりしている。これらの活動については、所属会員からの年会費と中小企業診断協会からの補助金の支給で賄っている。

3．人財開発研究会

　本書の執筆者である「人財開発研究会」の概要について、ホームページから抜粋する。

(1) 目的

　当研究会は、東京都中小企業診断士協会に所属する研究会です。当研究会は、会員の知識や研究成果の共有化、または外部からの知識導入により、中小企業診断士としての経営コンサルティングスキルのうち、「ヒト」に関する専門知識、スキルの向上を図ることを目的にしています。

（2）研究内容

　また内容は、人材の育成・開発、人事マネジメント、労働法規・社会保険等を研究テーマとしています。最近は、高齢者や非正規雇用者、障碍者、管理者研修、企業年金などが多く研究発表されています。

（3）月例会

　研究会の開催は、月例会が中心です。原則毎月第3月曜日の18:30

～20:30　中央支部事務所（地下鉄日本橋小伝馬町駅近く）で開催されます。会員発表や外部講師の講演の後、質疑応答があり、ほぼ全員が質疑に参加します。

（4）その他のイベント

　東京都中小企業診断士協会のイベントにも積極的に参加しています。春秋の協会のフォーラム（新入会員の入会案内）や研究会事例発表会への参加、論文の応募、理論研修の講師、公的機関からの依頼による企業診断などに参加しています。また懇親会として暑気払いと忘年会を開催し、会員間の懇親と人脈の形成を図っています。

（5）入会条件、会費など

　会員資格は、原則、東京都診断士協会に所属する中小企業診断士になります。会費は年間5千円。

出典：人財開発研究会ＨＰより

４．月例会の活動実績

　人財開発研究会の活動は、月例会が中心となっている。月例会は、会員の研究発表やゲスト講師の発表を聴き、質疑応答する場である。最近1～2年の発表内容について概要を述べたい。

図表1－4　人財開発研究会月例会

年月	発表テーマ	発表者
令和3年4月	資格試験の動機付けと効果的指導法	上井会員
5月	若手経営幹部向けマネジメント基礎と目標管理実践セミナー	杉浦会員
6月	戦略人事を考える	齊藤会員
7月	情報交換会	全員
9月	危機管理・広報マインドと人財開発	西郷会員
10月	離職リスク低減のためのテキストマイニングの活用	小松会員
11月	人財育成コンサルティングのススメ	ゲスト講師
12月	資格にチャレンジ＆情報交換会	上井会員
令和4年1月	組織の力学を科学する	齊藤会員
2月	すぐに使えるコーチング	高橋会員
3月	無意識の思い込み～アンコンシャス・バイアス	山内会員
4月	改正育児・介護休業法と男性の育児休暇取促進	坂本会員
5月	中小企業管理職のためのココロマネジメント研修	ゲスト講師

（1）　資格試験の動機付けと効果的指導法

　令和3年4月のこのテーマは筆者（上井光裕）の発表である。筆者は、この2年間産業能率大学のビジネス情報学部で学び、卒業論文として、「資格試験動機付けと効果的指導法」を作成し、研究会でもこの内容を述べた。

　筆者は、企業診断の傍ら、マネジメント研修や資格試験の講師を10年実施しており、このテーマを仕上げたいと思い、産能大学に入学した。資格試験にはどのくらいの学習期間が必要か、モチベーショ

ン維持のためにどのような対策が重要か等をまとめて発表したものである。

図表1－5　発表の一部（各種試験の合格率と学習期間の関連）

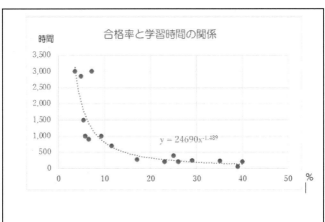

（2）　若手経営幹部向けマネジメント基礎と目標管理実践セミナー

　5月月例会は、診断士で社会保険労務士でもある杉浦祐子会員の発表。この時期の研究会は、新型コロナでの非常事態の影響で、Zoom で実施。テーマは「若手幹部・管理者のためのマネジメント基礎＆目標管理のＰＤＣＡ実践セミナー」であった。

　杉浦会員は、目標管理に関しては、共著で書籍も出版されている、目標管理の

図表1－6　発表者の著作物

エキスパートだ。管理者研修は、企業における研修では、新人研修に次いでニーズの多い研修だ。

　１時間と少しプレゼンを頂いてから質疑。このプレゼンは、これから管理者研修を企画する講師にとっては、十分参考になるプレゼンであった。ＳＥＣＩモデルなど、知識としては知っていたが、実際に暗黙知を抽出する、実際のセミナーで使ったのは初めて聞いた。

（３）　戦略人事を考える

　６月月例会発表者の齊藤信会員は、研究会でもユニークな存在だ。エンジニアとして就職したが、その後人材開発の面白さに魅了され、現在は、マーケティング会社で組織開発を中心に仕事をされている。齊藤会員の話は脱線も含め面白い。図１−７は齊藤先生オリジナルの公式、組織開発とは組織の力学を最大化すること。ニュートンの万有引力の公式とそっくりだ。

図表１−７　齊藤会員オリジナルの組織開発の公式

$$F = G\frac{Mm}{r^2}$$

F：組織の力　M：上司　m：部下、　r：距離感

　プレゼンまとめの概要を書き留める。①ロケット開発もチームスポーツも同じ、チームの成果を高めることが必要。②組織の硬直化により、チームは一気に下降線をたどる。③これからの人事は、データを武器に新たな組織の力学を生み出し、働き方を変えていくのが

役目。④日本企業が目指すべきは、欧米の真似ではなく、ぶれない戦略を打ち立て世界をリードする企業組織を作ることが大事。

（4）　危機管理・広報マインドと人財開発

　9月の月例会は、西郷正宏会員のプレゼンである。西郷会員は、中堅システム会社の役員まで勤め、現在は独立開業されている。

　プレゼンの趣旨は、①「危機管理」は「リスク管理」とどう違うのか、②不祥事・事故の「謝罪会見」は何故炎上するか、③「広報」は「広告/宣伝」や「販促」とどう違うのか、④では改めて「広報マインド」とは何か、⑤危機管理・広報の人財開発への応用　であった。

　印象に残ったことを書こう。③広報は、広告宣伝や販促とどう違うのか、の説明である。広報とはその組織のプレゼンスを上げることだと言う。プレゼンス＝存在感、だ。

　その例えで、映画「ローマの休日」のワンシーンを例に解説してくれた。ヨーロッパのある王国の王女様がヨーロッパ歴訪中、こっそり抜け出して、ローマ市内を自由に徘徊する物語だ。ほとんどの方は見たことがあるだろう、私ももう数回、見たことがある。

　主人公のオードリー・ヘップバーン扮する王女様が、グレコリー・ペック扮する新聞記者と話しているワンシーン。（グ）お父上の職業は？　（オ）そうねえ、（詰まりながら）ええっと、広報よ、と。皇室の職業をうまいこと表現したものだと思う。

（5）　離職リスク低減のためのテキストマイニングの活用

　10月月例会、この会は、ちょっと変わったテーマ、「離職リスク低減のためのテキストマイニング」。新入会員の小松隆志会員の発表だ。

　新入社員や外国人は離職リスクが高い。その兆候をつかむ方法として、テキストマイニングを使おうという。発表に際していろいろな分析をしているが、一番特徴的なのは、ある企業さんの採用試験の課題作文のマイニングだ。

　作文の使用語をマイニングして、退職者・在職者に分けると、内向きと外向きの使用語にはっきりとした傾向が出てきたそうだ。つまり、離職リスクの高い人をあらかじめ推定できる可能性があるというものだ。なかなか面白い研究である。

　このプレゼンで、頻出語を集める「共起ネットワーク」図を初めて見たが、これはテキストデータから比較的簡単にネットワークが書けるそうだ。この回は、ややレベルの高い内容だったかな。

（6）　人材育成コンサルティングのススメ

　研究会では、年に二、三度、会員外のゲスト講師をお招きして講演をしていただいている。研究会以外からの情報収集が目的だ。この会は、（株）入江感動経営研究所の入江元太氏。我々と同じ中小企業診断士で、人材研修を専門にされている方である。

図表１－８プレゼン資料トップページ

　内容は、多岐に亘ったが、人と企業が輝く３steps、①現状分析・言語化、②理想の会社の設計図を描く、③ＰＤＣＡを回すフォーマット、そしていくつかの事例の紹介であった。

さすがに研修を専門にしている方だけあって、受講していて研修に引き込まれていく、プロ中のプロの講演であった。

（7）　資格にチャレンジ＆情報交換会

　12月は、筆者（上井会員）の担当であった。テーマは「資格に挑戦」。企業内診断士向けのイベントで発表した内容のものだ。企

資格にチャレンジ

令和3年12月4日
アップウエルサポート合同会社
中小企業診断士　上井光裕

図表１－９プレゼン資料トップページ

業内診断士がこれから何を学習していけばよいかの講演だ。それが終わって、飲み物とおつまみを持ち寄って、Zoom忘年会。新型コロナになってから始めたものだが、リアルに比べて、もう一つ盛り上がらない。今回が最後かな、と思ってもう3回目。

　中小企業診断士の研究会の目的は二つある。一つはプレゼンを聴いて意見交換し、専門スキルに磨きをかけること。そして、もう一つは、人脈を形成するものだ。診断士は、個人であれ、会社組織であれ、企業様は、経営のことは何でも相談できる相手としてみる。ところがすべての分野に秀でた診断士などいない。そこでその時は、チームを組むか、仲間を作って対応することになる。そのためにも仲間作り、人脈作りは重要なことだ。Zoomじゃあ仲間は作りにくい。早く新型コロナ、収まってくれないとね。

（8）　組織の力学を科学する

　年明けの月例会は、齊藤信会員の「組織の力学を科学する」がテー

マ。齊藤会員は技術系だけあって、量子力学や遺伝子のことを混ぜながら、日本の組織の力学についてお話を頂く。

日本の人材の状況や、新しい資本主義での人材投資、ＥＵの人的資本の IS030414、心理的安全性、など。

エンゲージメント（相互理解・相思相愛）はわかるが、エンタグルメント（量子のもつれ）など、初めて聞く単語だ。最後は、個人と組織の類似性と相補性が最適化されたときに組織の力学は最大化する。「エンゲージメント」と「エンタグルメント」な組織がよい、そうだ。一度聞いただけではなかなか理解が難しいね。

量子力学では、テレポーテーションが可能なんだそうだ。量子力学とは不思議な世界だ。これを使って量子コンピュータを作る研究が盛んだ。とにかく、この研究会でなければ聴けない話であった。

（9）　すぐに使えるコーチング

図１－９　プレゼン資料のトップページ

2 月の人財研のテーマは、「すぐに使えるコーチングスキル」。若手会員の高橋恵美会員の発表であった。主な内容は、タイプ分け、話を聞くスキル、アクノレッジメント、アサーティブ。中小企業診断士の発表は、理論だけではなく、実践、それもすぐに使えるものが重要だ。その点で「すぐに使える」「スキル」はよいテーマだ。

タイプ分けにかなりの時間を割いていただいた。アクノレッジメントとは、「承認」だ。そしてアサーティブは「さわやかな自己主張」。

この日は見学者が2名。多くの研究会は、月例会の見学を受け入れている。1回無料が多く、見学者は、この様子を見て入会するかどうか決める。今回も活発な議論があり、雰囲気もいい。結局見学者2名のうち1名が入会していただいた。

（１０）無意識の思い込み〜アンコンシャス・バイアス

3月の人財研のテーマは、「無意識の思い込み〜アンコンシャス・バイアス」であった。発表は幹事の山内慎一会員。一昨年定年退職し、プロ診断士になっている方だ。発表は、①無意識の思い込みとは何か、②無意識の思い込みに気づく、③さらにその対処方法について、お話しされた。アンコンシャスとは、無意識のこと。バイアスとは偏ったモノの見方、認知のゆがみのこと。偏見とはちょっと違う。アンコンシャス・バイアスの例としては、ステレオタイプや、ハロー効果、正常性バイアスなどが知られている。

正常性バイアスは、最近よく聞く。周りの変化や危機的状況が迫っていても、私は大丈夫と、自分の都合のいいように思ってしまうこと。地震や台風でも、自分は大丈夫と、根拠のない自信を持つことだ。

無意識の思い込みの事例や、発表者の経験に基づく事例等も交えてお話しされ、充実した時間であった。

（１１）改正育児・介護休業法と男性の育児休暇取得促進改正

4月の人財開発研究会。小伝馬町の会場とzoomの併用開催。リアルでの開催は、なんと24か月ぶり。見学の方も3名も見えて盛り上がる。プレゼンは、診断士で社労士の坂本直紀会員。講演や出版で

大忙しの方だ。テーマは、改正育児・介護休業法と男性の休暇取得促進。難しいテーマだ。

　男性社員の8割が育休を希望しているが、その取得率は12%、相当乖離がある。代替要員が確保できない、取得する意識がない、職場がそのような雰囲気ではないなど、ハードルは高い。

　育休制度は、この4月から取得しやすい雇用環境の整備など、段階的に改正されていく。だんだん複雑になっていくようだ。

　また、育休取得のために、経営層や管理職向けに実施するポイントや、同僚の立場での実施ポイント、取得のメリットが話された。

　育休取得によって、職場の理解が深まり、企業イメージが向上、離職率が低下するなどが大きいと思う。最後に中小企業の取得促進例が話された。

図1−10　プレゼンでの自己紹介

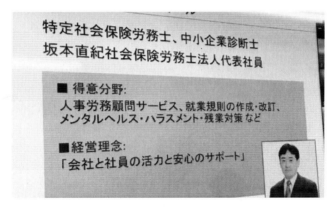

　さすが、坂本先生、難しいテーマを要領よく説明してくれた。なかなか内容の濃い月例会であった。

（１２）　中小企業管理職のためのココマネジメント研修

　ゲスト講師、イワデ（株））の岩出優代表をお招きしての講演。岩出氏と筆者は、診断士会マスターコース「プロ講師養成講座」で知り合い、一緒に執筆し、書籍を出版して以来の仲間である。

図１－１１　講演者の岩出氏

　氏の得意分野は、心理学。中小企業診断士にしては珍しい分野が専門、ココロのマネジメントを中心に研修を行っている方だ。

　今から 2 千年前の古代ギリシアの哲学者アリストテレスによれば、人を動かすには 3 要素が必要という。ロゴス（論理）、パトス（感情）、エトス（信頼）だ。2 千年しても、人間のこころの仕組みは変わらない。

　この日の研修は、組織風土作りのなかから、「承認欲求」。それに信頼関係の構築から、「世代別の違いと共通点」を深堀りした。テーマの解説、自己診断、グループ討議を何度も行い、研修を進めていく。私も現役時代の頃を思い出して、上司と部下の世代ギャップ、上司の承認・ほめること、などを思い出した。

第2章　組織の力学を生み出す

第1節　なぜ今の日本はダメになってしまったのか

「今日の仕事は楽しみですか」広告炎上に見る今の日本

　2021年10月のある朝、私はJR品川駅の中央改札をくぐり抜け、西から東に流れる黒い群衆の背中を真っ直ぐに追いかけていた。

　——今日の仕事は、楽しみですか。

　44台もの巨大なディスプレイからは、いつもの朝と変わらず何の変哲もないメッセージが写し出されていた。港南口へ向かう30万人もの働く人たちが目にしたこの広告。後にSNSで炎上して1日で終了してしまうというちょっとした事件となった。一見何気ない出来事であるが、「今日の仕事は、楽しみですか」という言葉に日本の組織で起こっている問題を読み解くカギが隠されている。

　2021年に行われた米国ギャラップ社の従業員エンゲージメント調査にて「日本には熱意のある社員の割合はわずか5%しかいない」という結果が発表された。恐らくこの結果に驚く者は、そう多くは無いだろう。なぜならば2017年に行われた前回の調査では「日本の熱意ある社員は6%」と発表され日本の働く者に大きなインパクトを与えたからだ。この結果を受けて当時の日本企業は必死に従業員のや

りがいを生み出す経営に舵を切った。しかしながら、その思いに反し**日本は世界最低水準の「仕事が楽しくない国」**となってしまったのである。

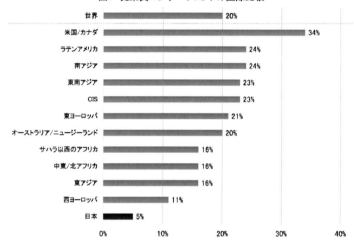

図1　従業員エンゲージメントの国際比較

世界	20%
米国/カナダ	34%
ラテンアメリカ	24%
南アジア	24%
東南アジア	23%
CIS	23%
東ヨーロッパ	21%
オーストラリア/ニュージーランド	20%
サハラ以西のアフリカ	16%
中東/北アフリカ	16%
東アジア	16%
西ヨーロッパ	11%
日本	5%

出所　第2回 未来人材会議（METI/経済産業省）より筆者作成

　さらにパーソル総合研究所の 14 ヵ国・地域を対象とした「はたらく意識」に関する調査では現在の勤務先で働き続けたいという人の割合は 52.4%であり、世界と比べると最も低い水準となる。さらに転職希望者は 25.1%、独立・起業希望者は 15.5%となりいずれも最低となる一方で、勤務先以外での学習や自己啓発を「何も行っていない」と回答した者の割合が 46.3%と最も高い結果であった。日本の社員の特徴は、**「仕事が嫌いで今の会社を辞めたい。しかし、転職**

や独立までは考えておらず、自己研鑽している訳でもない」ということだろう。

　いつから日本の社員は仕事が嫌いになってしまったのだろうか。過去の「仕事のやりがい」に関する調査[1]では 1980 年代の 30％超から、2005 年には 16.6％の半分程度にまで低下しているという事実もある。「もう一度やりがい溢れる仕事を心から楽しみたい」という思いを持つ多くの経営者や人事の方々が考え出すきっかけになればと思い本書を書き始めることとした。

　今、コロナ禍によって世界中が危機感を募らせている中、世界一仕事が嫌いな日本に恐れるものは何もない。日本の眠れる人材を覚醒させることでこれまでの 30 年間で最大のチャンスが訪れるだろう。失いつづける 30 年間への切り札は、私たちが「考える」ことしかない。考えに考え、考え抜くことでしか、歩む道は見つからない。

日本型雇用システムは既に限界を迎えていた

　そもそも日本の社員の働きがいが低い理由のひとつとして、日本型雇用システムが環境変化に対応できなくなってきたことが挙げられる。日本型雇用システムは、新卒一括採用、年功序列型の賃金、終身雇用のいわゆる「三種の神器」を中心に形成されてきた。この雇用システムは第二次世界大戦後の戦後改革の結果として日本企業に定着し、高度経済成長を支えてきた。

　会社は疑似家族的な組織となり、人の出入りは少なく、固定的な

1　内閣府が 1972 年から 2011 年まで実施した「国民生活選好度調査」において、「やりがいのある仕事や自分に適した仕事があること」に対するアンケート調査結果。

メンバーで雇用の安定と引き換えに 40 年間会社にコミットメントを求められることとなる。若手の労働力が豊富で、安定的な高成長を実現していた時代には上手く機能していたが、現在のような労働人口の減少に加え、グローバル化やデジタル化などの環境変化に制度が合わなくなってきたといえるだろう。

　2017 年 1 月、当時経団連会長への就任が決まった中西氏は、こう発言した。「終身雇用を前提に企業運営を考えることには限界がきている」。現在のように事業の盛衰が激しい時代では雇用を守り続けることは難しい、だからこそ終身雇用を構成する日本的雇用システム自体の見直しをしなければ、日本は淘汰されてしまうとのメッセージだったのだろう。

　「誰もが階段を上れる」という日本型雇用システムは、時には合理性が軽んじられ、自分らしさややりたいことを優先するよりも組織の意向に従うことを優先させた。そのために時間で縛る働き方が当たり前となり、より長い時間働いた方が良いという風潮が出来上がってきた。

　そこで政府は、50 年後の未来へ向けた一億総活躍社会の理念のもとに「働き方改革」を掲げ、長時間労働の是正を進めてきた。1960年代には 2,400 時間以上あった総実労働時間[2] が現在は 1,600 時間台（パートタイム労働者含む）まで下がってきており、実に 1/3 が削減されたことになる。しかし一方で「もっと働きたいのに、働けない」といった声も聞くようになった。決して仕事が減って労働時間が

2　総実労働時間とは労働者が実際に労働した時間数のことをいう。1996 年頃からパートタイム労働者の比率が高まったことも減少の一因である。

減ったわけではなく、仕事があるにもかかわらず無理な残業抑制によって働きたくても働けない状態になっていると考えるのが自然である。

（時間）　　　　　　図2　総実労働時間推移（1960年〜2020年）

※　事業所規模30人以上、サービス業含まない。パートタイム労働者含む。
※　1990年より事業所規模5人以上に変更。
出所　労働政策研究・研修機構　常用労働者1人平均総実労働時間数より筆者作成

　日本の2021年の出生者数は81.1万人となり過去最低を更新した。国立社会保障・人口問題研究所の想定シナリオよりもなんと 6 年も早く 81 万人台前半に到達した。この推定では最速シナリオで人口が 1 億人を割るのが 2049 年とはじき出されているが、今回の結果からさらに数年早まることが見えてきた。このままでは人口減少には歯止めがかからず、これまで経験したことが無いようなスピードで日本の社会や経済が萎んで行く。

――そして世界に類を見ない究極の先細り社会は、人々のやりがい
までも奪っていくだろう。

　幕末の志士、高杉晋作の辞世の句に「おもしろきこともなき世を
面白くすみなしものは心なりけり」とある。これは、心のありよう
で世界は面白くもなるしつまらなくもなるという意味だ。以前は誰
もが階段を上り、成長とやりがいを実感することができた。しかし
今は社員の 95%が仕事を楽しくないと感じているのは仕事に対する
心の在り方が変化したからではないのだろうか。

　なぜ仕事が楽しくなくなったのか、それはバブル経済崩壊後の
1990 年代初頭から続く「失われた 30 年」にヒントが隠されている。

失われた 30 年がもたらした日本の変化

　社会学者のエズラ・ボーゲル博士の著書「ジャパン・アズ・ナン
バー・ワン」では、高度経済成長期における日本人の学習意欲の高
さや勤勉さを賞賛し、米国人に教訓とするよう促している。当時、
日本人はこの内容に大きな自信を与えられたはずである。余談だが、
「アズ」であって「イズ」でないのは米国が No. 1 といいたかったの
であろう。

　バブルの頂点であった平成元年、世界時価総額ランキングを見れ
ば上位 10 社のうち 7 社が日本企業であり、まさに日本が世界の頂点
にあったということは紛れもない事実である。当時のバブル経済の
追い風に乗った日本企業はニューヨークのロックフェラーセンター
やエンパイアステートビルなどの不動産、ゴッホの「ひまわり」な
どの絵画、F1 チームなどありとあらゆるものを買い占めてきた。そ

こには高度経済成長を遂げ工業先進国に飛躍した、バブル真っ只中の日本があった。

　平成の始まりは、中国の民主化の芽をつぶした天安門事件に始まり、ドイツのベルリンの壁崩壊による東西ドイツ統一、そして米国のブッシュ大統領とソ連のゴルバチョフ書記長によるマルタ会談が行われ、40 年以上も続いた米ソ冷戦の終結を宣言するという歴史的大転換の年だった。一方の日本では、国論を二分した消費税のスタート、そして 12 月 29 日には日経平均株価が史上最高値の 3 万 8957 円を記録した。

――この年を境に日本は山の頂から下り坂を転げ始めた。

　そして、1995 年の「ウィンドウズ 95」の発売が、世界の産業を一変させることとなる。OS にインターネット接続機能が初めて搭載され、それまで一部のマニアだけのパソコン通信が世界中の誰の手にも届くようになった。まさにインターネット時代の幕開けである。これによりビジネスの中心がモノづくりから、インターネットを介し顧客を作り出すコトづくりへと急速に変化していった。

　思えば既にこの頃から日本型の雇用システムにほころびが出始めていた。エクセルやパワーポイントの出現により仕事のやり方が劇的に変わり、個人の操作スキルの差で大きく生産性が異なるようになった。それに伴い上司の背中を見て育つといった従来のマネジメントが通用しなくなり、その結果上意下達が機能しなくなってきた。**きっとこの頃からマネジメントの OS もアップデートが必要だったのだろう。**

　そして、奇しくも当時一世を風靡したインターネットエクスプ

ローラーが今年の6月で幕を閉じたことは、ひとつの時代の終わりを象徴しているのかもしれない。

　ここから日本のこれからの働き方について、他国の事例をもとに考えてみることとする。

幸福の国デンマークは本当に幸せなのか

　デンマークの人口は581万人で千葉県程度、面積は九州ほどの北欧の小さな国である。デンマークにはヒュッゲ(Hygge)という言葉があり「リラックスした日常や自然に触れる時間を意識して創り、そこに幸せを見いだすという生活の知恵のようなもの」という独特の価値観を持つ。

　デンマークの平均的な労働時間は週37時間で基本的に残業はしない。時間外手当の割増率が大きいために、むしろ残業はさせないという考え方が一般的なのだろう。また消費税は25％と高い水準にあり収入の半分を税金として納める。特に自動車取得税は150％にも上り、仮に200万円の自動車を購入した場合の総支払額は500万円ということになり、自動車本体よりも税金の方が高額となる。

　一方で失業給付は手厚く、直前12週間の平均所得の90％が最大2年間支給される。加えて失業中に質の高い再教育が義務付けられるなど労働者保護の考え方が色濃く現れている。

　また、失業中の学びの時間は重要視されており、フォルケホイスコーレと呼ばれる「人生を学ぶ学校」が設置されている。ここは17.5歳以上であれば誰でも入学可能で、試験をはじめ評価や細かい規則はない。専攻できる科目は音楽や美術、スポーツ、教育、演劇、心理学、哲学などで、若者からシニアまでが一緒に学ぶことが可能である。この場が人間同士の対話による相互の人格形成の場となって

おり、仲間たちと自身の内側にある幸せや価値観を醸成していく。

　このように仕事と学びを両立する働き方を可能としているのは柔軟な労働市場と手厚い失業給付、実践的な公的職業訓練の 3 つを組み合わせた「フレキシキュリティ」と呼ばれる雇用政策の影響が大きいといえる。これは柔軟性を意味する「フレキシビリティ」と、安全性を意味する「セキュリティ」とを合わせた造語である。解雇規制が英米並みに緩やかなデンマークだが、1990 年代に職業訓練の強化によって失業抑制に成功したのが先駆けとなっている。この「デンマーク・モデル」と呼ばれる仕組みが、同国を 2022 年世界幸福度ランキング 2 位[3]へと導いた。

　このようにデンマークの働き方は、ワークライフバランスが重視され、個々のライフキャリアが尊重されている。また、長時間労働は存在せず、プライベートを大切にする文化が根付いているようである。一概に比較することは出来ないが、日本とデンマークは労働に対する価値観が違うということがいえるだろう。もちろんこのような「幸福の国」の一部だけを見て真似しようとするのではなく、一度自分達の「幸せ」の前提が何かを考えてみる必要がありそうだ。

人と組織の関係性に異変が起こっている

　かつて日本人は世界中から勤勉と称され、皆が寝食忘れて仕事に没頭したものだったが、この 30 年間で何かが大きく変わった。特にデジタル化の進展により仕事そのものが大きく変わったにもかかわ

---

3 世界幸福度ランキングとは、国連の持続可能な開発ソリューション・ネットワークがまとめており、2022 年版では 5 年連続でフィンランドが 1 位であり、日本は 54 位であった。

らず、仕事のやり方や組織マネジメント、雇用システム自体が変わってないため、働く人の心と組織の形にミスマッチが起きているようだ。

　戦国時代に戦働（いくさばたらき）という言葉があるが、はたらくとは組織や仲間のために貢献するという意味であり、今も昔も本質は変わらない。この不調和を解消していくために必要な言葉では無かろうか。そして今の働き方改革は、仕事は苦しいものだから減らしましょうというのなら、再び楽しいものにして行けば良いのではないか。

　そこで、私から皆さんにお伝えしたいのが「組織の力学」という考え方である。これからの日本の社員が再び世界で活躍するための重要なヒントが隠されているはずである。

第2節　組織の力学を生み出す

今、多くの企業が心理的安全性の高い組織を求めている

　2018年ロシアワールドカップ出場権獲得を決めたサッカー日本代表は、バヒド・ハリルホジッチ監督の解任劇により歴史に名を残した。

　「意見を言えば呼ばれなくなる」。規律に厳しく、和を乱す選手を見せしめのようにチームから外すやり方はときにあつれきを生んだ。ハリル監督と選手の間にできた溝は埋まることなく、W杯開幕まで残り2か月と迫った時点でハリル・ジャパンは消滅した。

　「選手とのコミュニケーションや信頼関係の薄れ」を理由にハリル監督は更迭となったのだ。その後の大役を引き継いだのは、当時日

本サッカー協会の技術委員長を努めていた西野朗新監督であった。

　結果が出ずに空中分解しかけていたチームに対し、「自分は世界を知らないから、みんなで考えよう」と、選手それぞれのワールドカップにかける思いを徹底的に話し合うようにした。すると、お互いの思いが手に取るように分かるようになり、本音をぶつけ合えるような関係性に変わっていった。その結果、短期間でハリル式からの解放に成功した西野ジャパンは、ベスト 16 入りという偉業を成し遂げた。

　西野監督の本音をぶつけ合える関係づくりこそが、今私たちが求めている心理的安全性の高い組織であるといえよう。空中分解しかけていたチームが、危機感を共有しビジョンを一体化させたことで、短期間で華麗な蝶へと羽化しジャイアントキリングを成し遂げたのだろう。

　心理的安全性（psychological safety）とは、2016 年にグーグルが「プロジェクト・アリストテレス」と名付けたプロジェクトで「効果的なチームを成立させる条件はなにか」について研究した結果、「誰がチームのメンバーであるか」よりも「チームがどのように協力していけるか」ということが重要だと結論付け、その中で最も重要な影響を与える因子として挙げた。

　また、ハーバード大学のエイミー・エドモンドソンによれば、無知、無能、否定的、邪魔だと思われる可能性のある行動をしても、このチームなら大丈夫であると保証することが重要と述べている。

　エドモンドソンが指摘する心理的安全性とは、医療ミスやスペースシャトルの打ち上げ失敗などの危機的状況において率直な意見がなされないことで解決策が出なかったり、ミスが起こってしまうこ

とが問題であり、だれかに助けを求めたりミスを認めたりしたから
といって、罰が科されることはないと保証することである。すなわ
ち、心理的安全性の高い組織とは、重要な場面において最高の成果
を発揮できる信頼関係の高いチームであり、やさしいだけの組織で
はない。むしろ**「厳しくて強い組織」**であり、ピリピリとした雰囲
気の中、間違いを恐れず忌憚なく意見を言い合い多くの意見から解
決策を導き出せるプロ同士の組織であるといえる。

　会議での発言は自由に行い、誰の発言も罰さないというルールを
つくる会社があると聞くが、これは大きな間違いだといえる。心理
的安全性とは信頼関係そのものであり、ルールを作っている時点で
組織の信頼関係を否定しているようなものである。

　最近では多くの日本企業が組織の心理的安全性を高め業績向上に
つなげようとしているが、決して上手くいっているとはいえないの
ではないだろうか。**誤解を恐れずにいえば大半の企業が誤ったやり
方で、組織を誤った方向へ導こうとしているのである。**

頑張ってもエンゲージメントは向上しない

　心理的安全性の高い組織では組織内の信頼関係が醸成され、エン
ゲージメントが高い状態となる。エンゲージメントとは「婚約」や
「契約」を意味する言葉であるが、人事領域におけるエンゲージメン
トは「会社と従業員における信頼関係が構築され互いに貢献し合
う」概念のことを指す。

　近年、人事部門などを中心にエンゲージメントを向上させる取り
組みが盛んに行われているが、簡単に効果を出せるものではない。
エンゲージメントとは社会そのものが生み出す幸福度や職業観など

に起因する要素が大きく、企業がエンゲージメントをコントロールするというのは実際には大変難しい話なのである。特に人口ボーナス期[4]の国は若者が増え、活気にあふれエンゲージメントが高い傾向にあるが、日本のような人口オーナス期[5]の国は高齢化が進み、社会の活気や勢いが失われ総じて低い傾向にあるといえる。

先述したように組織の心理的安全性やエンゲージメントを高めようとすることを組織開発と呼び、積極的にマネジメントに取り込もうとする企業は増えている。類似する言葉に人材開発があるが、それぞれ開発のアプローチが異なる。人材開発は個々人の能力やスキルを対象とするのに対し、組織開発は人と人との関係性に着目している。

組織開発は、日本では1960年代から盛んに研究され、飲み会や運動会などの伝統的なコミュニケーション活性化手法として積極的に実施されるようになっていき、のちに工場などを中心にQCサークルと呼ばれる現場改善活動に姿を変えて行った。

最近ではコミュニケーションの場において、対面よりもオンラインが急速に増えた。それに伴って仕事の進め方やチーム間の連携の仕方など、組織コミュニティの在り方自体が変化してきている。そこにテクノロジーを活用して、価値観の異なる個人同士の関係性を強化するために科学的なアプローチを用いた組織開発の試みなども行われるようになってきた。

---

4 人口ボーナス期とは一国の人口構成で、子供と老人が少なく、生産年齢人口が多い状態。
5 人口オーナス期とは人口の年齢構成による経済や社会への不利益が続く時期をいう。

「組織の力学」を考える

　これまで説明してきたように社会環境の変化により組織の在り方そのものが大きく変化した。部下は上司の指示が無くてもパソコンとネットワークさえあれば、何の問題も無く仕事は進められる。むしろ上司がいないほうが余計な報告も無く、ストレスも減るために、仕事の効率は向上するのではなかろうか。一見これからの組織には上司は必要ないのではと思われるが、**部下の働きがいを生み出し、生産性を高めて行くためには上司が深く関与する必要がある。**

　なぜならば組織とは、ある目的を果たすための人の秩序ある集まりだからである。組織は計画的な調整を繰り返すことで個人の能力を超えた課題解決を行うことが出来るようになる。すなわち、知恵を集結して合理的な決定をすることが組織の目的であるのならば、上司と部下のコミュニケーションが必要不可欠なのである。

　アメリカの経営学者、チェスター・バーナードによると、組織とは、2人以上の人々の間で意識的に調整された活動ないし諸力の体系であり、「コミュニケーション」「貢献意欲」「共通の目標」の均衡が取れていることが重要であるとしている。また、ノーベル経済学賞を受賞したアメリカの経営学者ハーバート・サイモンは、組織を「意思決定とその実行の過程を含めた、人間集団におけるコミュニケーションとその関係のパターンである」と定義づけている。

　この2人の考え方には異なる部分もあるが、コミュニケーションの重要性に着目しているところに共通点を見いだすことが出来る。組織にとってコミュニケーションが集団の行動に大きな変化をもたらすことは古典研究からも証明されているのである。

　このように組織には上司と部下の信頼関係から生ずる見えざる力が作用しており、これが組織としてのパフォーマンスに影響を与えている。そして、この力は両者のコミュニケーション量と信頼関係を変数として変化する非線形関数として定義出来る。つまりコミュニケーション量が増えれば増えるほどお互いの信頼関係が増し意思決定が良質になる。更にその量が増えることで会話の質が向上していき信頼関係は指数関数的に向上する。**私はこれを「組織の力学」と呼んでいる。**

　上司と部下の引き合う力を自然法則の一部と捉えるならば、物理学の万有引力の法則やクーロン力などと同様に、両者の心理的な距離の二乗に比例して信頼関係は変化するはずである。

　きっとマクロな宇宙の世界やミクロな素粒子の世界を表す法則と同様に人の振る舞いにより引き起こされる組織の力学は、私たちの見えないどこかで自然法則と繋がっているのではないだろうか。

「相補性」が生み出す強い組織

　私たちの身の回りではあらゆる技術が活用されているが、スマホやプリンター、デジカメ、DVD などには共通して「量子力学」という理論が用いられていることはご存知だろうか。

　その量子力学の世界に「相補性」という考え方があり、光の粒を壁にぶつけた時に起こる現象を、この相補性という考え方を用いて説明している。光と壁の間に 2 つのスリットがある板を置き、1 粒の光を壁に向けて発射したときに、2 つのスリットのいずれかを通り抜けて壁にぶつかるはずである。しかし調査の結果、光は 2 つのスリットを同時にすり抜けたことが分かったのである。

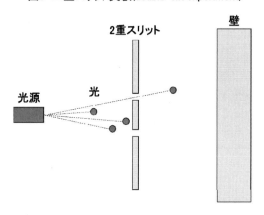

図3　二重スリット実験(double-slit experiment)

そして、光は「粒」なのか「波」なのかという大きな論争が1900年代初頭の欧州に巻き起こった。粒なら必ずどちらか一方のスリットを通るが、波なら両方を通っているはずである。しかし、あらゆる議論と調査の結果、光が粒か波かを解明することは出来ず、相補性という考え方で粒と波は、お互いが確率的に存在しあうことで光はできているという考え方に行きついた。いわゆるコペンハーゲン解釈[6]というものである。

　この奇妙な現象は、ノーベル物理学賞を受賞したアメリカの科学者、リチャード・ファインマンですら「誰も量子力学は理解できない」と公言したほどであり、21世紀の現在もいまだに解明されていない。しかしこの概念をもとに現在、世界中で量子コンピュータの

6　量子力学での、粒子の存在に関する世界観の一つ。粒子の位置や状態は観測されるまで特定できず、空間の各点ごとの存在確率の大小としてしか把握できないとするもの。

熾烈な開発競争が繰り広げられている。

　ちなみに、コペンハーゲンは先に述べたデンマークの首都であり、相補性はデンマーク出身の物理学者ニールス・ボーアが考えた概念であるが、幸福の国だからこそ、このような優れた発想が生み出されたのではないだろうか。

　そして、この相補性という概念はあらゆる学問に取り入れられており、最近ではコロナ禍において活躍した mRNA ワクチンの基礎となる分子生物学では、相補性が DNA の複製や転写の際の基本原則となっている。

　これら量子力学は分子生物学とは一見全く縁のない領域のように見えるが、相補性という概念で繋がっている。量子力学では光が存在する位置は、存在確率でしか分からない。いわゆるシュレーディンガー波動方程式[7]というもので表される。人の心も必ずしも一つではなく、同時に複数存在しそれを存在確率で表すことが出来れば、波動関数で答えを導くことができるはずである。

　一方で分子生物学は、生物のゲノム（遺伝情報）を説明する。すべての生物は全く同じルールで塩基が配列されており、ならび順や長さが違うだけでオペレーティングシステムもメモリ構造も全く同じである。例えば人間もザリガニもシダも全く同じオペレーティングシステムで構成されており、その上で動作しているアプリケーションが違うだけである。DNA に書き込まれた設計図があるとすると、設計図の中には人の心理や性格に関する部分も含まれてくる。

7　オーストリアの理論物理学者、エルヴィン・シュレーディンガーが 1926 年に提唱した水素原子内電子の波動を記述する方程式。

さらに人の性格は米国の心理学者ルイス・ゴールドバーグによると「外向性」、「神経症傾向」、「調和性」、「開放性」そして「勤勉性」の 5 つの因子に分類されるそうだ。この考え方が現在のパーソナリティ類型論の中核となるビッグファイブ理論である。この理論は血液型のようにタイプ分けするようなものでは無く、各項目に点数付けなどして評価するものであり、種々の状況を通じてある程度一貫して現われる一定の行動傾向、いわゆる特性論から導かれるものである。

　実は、これら 5 因子に対応するゲノム領域は既に特定されている。あるゲノム領域は「外向性」と強い相関性があり ADHD（注意欠如・多動症）との遺伝的関連がある。他にも「神経症傾向」はうつ病、「開放性」は統合失調症や双極性障害と結びついているそうだ。

　一方で、「勤勉性」や学歴、学業成績は遺伝子との相関性が無いことがわかっており、後天的に変化させることが可能だといわれている。

　相補性の概念は組織の力学にも繋がる。人の感情には常に、似ているから好きという類似性と、自分に無いものを持っているから好きという相補性の両面を併せ持っている。組織はこの二面性のバランスを取り続けることで力学が保たれている。

　かのピーター・ドラッガーは著書「マネジメント」の中で、「組織の目的は、人の強みを生産に結びつけ、人の弱みを中和することにある」と述べている。個人の強みと弱みはそれぞれ異なり、弱みを打ち消しつつその強みを最大限に活かしていくことこそ組織の目的であり、またマネジメントの役割なのだということである。

　人間中心に組織を考えるこの概念は、まさに相補性そのものであ

り、現代の人材マネジメントにおいて重要な論点といえるだろう。

　余談だが、量子力学でエンタングルメント（量子もつれ）という言葉があるが、エンタングルメント状態になった 2 つの粒子同士は、どんなに遠く離れていても瞬時に情報伝達できる。まさに人の心と同様に「以心伝心」が量子インターネットの基礎となっている。

テクノロジーで人と組織の可能性を可視化する

　2018 年の秋、私は HR テクノロジーに関する表彰式の舞台に立っていた。ここで確実に変わりつつある技術の進化を目の当たりにし、人事領域の新たな時代の息吹を感じ取っていた。このとき AI という新たなテクノロジーによって組織の未来を予測することが可能になると確信した。

　AI といえば、2017 年に囲碁の世界チャンピオン柯潔（かけつ）との戦いで一躍有名となった Google DeepMind の AlphaGo が印象に残る。「AlphaGo は私には勝てない」と言い放った当時 19 才の柯潔は、3 戦全敗で涙を流した。

　そのとき威力を発揮したのが、ディープラーニングという脳の神経回路の仕組みを模した学習アルゴリズムである。強化学習という手法を用いて、過去の対局データから、どのような手が最善手となる可能性が高いのかを学ばせ、さらに自己対局を繰り返すことで遂には、神の領域に近づいた。

　その当時私は、採用領域への AI 活用について研究していた。学生のパーソナリティをエントリーシートから抽出し、採用選考への適応の可能性について試行錯誤を繰り返す。特定の性格特性を持つ人

材と業務遂行上のパフォーマンスには一定の相関関係があることは既にデータ上からも見出しており、この関係性をもとに優れた特性を持つ人材をモデル化しペルソナ[8]を生成した。そして、エントリーシートから読み取った学生のデータとペルソナとの相関性から、求める人材を見つけ出そうというものであった。ここからテクノロジーで人材の可能性を予測するというプロジェクトが動き出す。

――本当にAIの目を信じて良いのだろうか。

　正直失敗の繰り返しだった。相関性が最も高い学生の選考合格率が必ずしも高くないということが分かってきた。相関性が85%近辺を頂点に選考合格率が明らかに低下している。

　パーソナリティの抽出には前述したビッグファイブ理論を活用して、5つの特性と業務遂行上のパフォーマンスとの関係性を見つけ出すという作業を何度も繰り返した。そしてすべての特性を完全に網羅し、限りなくペルソナに近づけようとするとペルソナの劣っている特性も複製されるということに気が付いた。

　調査を繰り返して行くなかで、あらゆる特性にバランスよく優れているよりも、特に勤勉性に優れていることが、求める人材との相関性が高く合格率が高いという結論に行き着いた。この勤勉性とは達成意欲が高く考え抜く習性を持っている人材のことである。

　確かに勤勉性は遺伝子の影響を受けず後天的に変化させることが

---

8 ペルソナとはターゲットとする層のデータなどをもとに、属性や生活スタイル、趣味嗜好などを想定し、実在する人のような架空の人物像を作ること。

可能な特性である。だからこそ勤勉性の高い人材は、常に外的環境から高い達成意欲を得て、自ら成長し続けられるポテンシャルを秘めているといえるだろう。**かつて世界を席巻した日本人の強さこそ勤勉性であり、日本の社会が作り上げてきた賜物だろう。**

　全ての特性が同じ人材ばかりを採用していたら、恐らく将来組織の劣化コピーを招いていたに違いない。組織の同質化が進むと短期的には一定のパフォーマンスを期待できるかもしれないが、一つのウイルスの侵入が組織を全滅へ追いやる可能性もある。例えばロールプレイングゲームの「ドラクエ」でいえば、全員戦士のチームにするよりも、戦士、魔法使い、僧侶などさまざまな職業の組み合わせや、シーンに応じたチームの組み合わせに変えたほうが、あらゆる敵に対応しやすくなり、より強くなる。

——きっと AI からの示唆だったのだろう。

　組織が存在し続けて行くためには常に進化が必要であり多様性を失った時点で死を意味する。

　そして着手から 2 年半、「エントリーシートを読み解く 2 つの技術」は完成した。

　ここで一ついえることは、AI は本人の頭脳の優劣を判断することは出来ないということである。過去に AI で東大合格を目指す国立情報学研究所の「東ロボくんプロジェクト」というものがあったが、改良を重ねて東大を受験し続けたが最後はあきらめて挫折してしまった。

　もしも AI に自分で考える力が備わっていたなら、それほど難しい

チャレンジではなかっただろう。しかし、AIによる統計計算のみで東大合格に近づいたことは賞賛されるべきことであろう。

この頃からか、HRテクノロジーを活用し組織の可能性を客観的に引き出す取り組みが盛んになっていった。組織が効率よく目標達成するには、求められる仕事の量と質に合わせて、社員の技能や知識、性格などを考えながら適材適所の配置をしていくことが大切である。

しかし、従来までの配置は上司や人事部門の勘、経験といった感覚で決められている比重が大きかったといえる。そのために一度配置がされると各職場による優秀者の囲い込みが起こり、その後の異動が難しくなることがしばしば起こっていた。

そこにAIを活用し客観的な判断で人材配置を支援するという取り組み事例が数多く発表されるようになってきた。加えてハイパフォーマー分析や退職予測、エンゲージメント分析などあらゆる領域でHRテクノロジーが活躍し始めている。

組織の力学はアナロジーからはじまる

中国IT企業アリババのジャック・マーは「日本の会議は銀髪の男性ばかりで女性や若者はいない」と嘆く。日本のビジネスシーンにおいて如何に多様性が欠如しているのかが伝わる一言である。多様性の一つに性別があげられるが一般的に男性は自分に興味を持ち、女性は他人に興味を持つそうだ。

この差は脳の違いによるところが大きいといわれている。男性脳は人の話を理解するのに空間認知の領域を使うため、話の目的やゴールを無意識に探る。そのために目的が見えない話や寄り道の多

い話は、脳へのストレスを感じる。

　一方で、女性脳は感じたことを感じたままに話し共感しあい、ア
イデアを思いつきコミュニティを形成していく。女性の優れた観察
力や他者への関心が組織を活性化させている。このように脳の領域
と機能は両者で大きく異なっている。

　ところが近年、ほとんどの人の脳は、その領域をパーツで見ると、
男性に多く見られる特徴と女性に多く見られる特徴が組み合わさっ
た「モザイク」のようになっていることが分かってきた。1 人の脳
の中に、男性と女性それぞれの脳の特徴といわれる部分が入り混
じって存在し、その人の個性を作り出しているのだ。

　社会脳仮説（ソーシャル・ブレイン）では、人間の脳が他の生物と
比較し飛躍的に進化した理由をこう説明する。相互依存性の高い集
団では、メンバー間の競争・協力などが生じ社会が複雑化していく。
このような複雑化した社会で他者と上手くやったり、時には出し抜
いたりと様々な困難に対処するために膨大な情報量を処理しなけれ
ばならないため脳が発達したそうだ。

　すなわち人間が地球上のあらゆる環境に適応してきたのは、脳内
の多様さと人間集団の多様さによって不確実性に対する高い対処能
力を獲得してきたためといえるだろう。

　これまでに心理学や脳科学、量子力学、分子生物学などのあらゆ
る観点から組織の力学を考えてきたが、なぜ今この様な考え方が必
要なのだろうか。

　医療用語に Evidence based medicine（科学的根拠に基づいた医療）
という言葉があるが「個々の患者の診療にあたり、研究から得られ

たデータの中から信頼できるものを見つけ、それに基づいて理に適った診療を行う」という意味である。この考え方は後に社会福祉や教育、行政改革など各分野に拡大されて行ったが、これらの流れと同じく組織の力学も Evidence based（科学的根拠に基づく）に高めていくことが重要だ。

　あらゆる試行やデータの中からもっともらしい答えを見つけ出して行くためには他分野からの類推により試行錯誤をくりかえし、求める答えに近づけていくのである。すなわちアナロジー[9]という考え方により、すでに経験のある分野から見出した「法則」を未知の分野に当てはめて応用していく思考方法が重要なのである。

　世界の偉大な科学の発見においてアナロジーの力は大きな役割を果たしてきた。ニュートンが、りんごの落下を見て万有引力の法則を発見したことや、フレミングが青カビからペニシリンを発見したのもアナロジーである。

　重要なのは、「遠くから借りてくる」という発想である。誰でも気付くような「近くから借りてくる」のでは価値がなく、普通の人では簡単に気付かないような思わぬ類似点を見つけることがアナロジーの原点となる。

　アメリカの社会学者であるマーク・グラノヴェッターが提唱した「弱い紐帯の強さ」（The Strength of Weak Ties）という説によれば、真に有益な情報は緊密な人間関係からではなく、希薄な人間関

---

9 複数の事物間に共通ないし並行する性質や関係があること，またそのような想定下に行う推論。

係を通じてもたらされるという。

　家族や親友、職場の同僚など緊密な間柄の人は気心が知れている反面、その人が持っている情報はすでに自分も知っていることが多い。これに対し、たまにしか会わない知人の場合、保有する情報の重複が小さく、自分にとって新鮮な情報をもたらしてくれる可能性がある。

　新たな知見に基づくイノベーションを生み出すためには、閉じた組織内の「顔なじみのいつものメンバー」ではなく、開かれた人的ネットワークで、いつでも遠くから新たな知見を取り込める「希薄な関係」が必要である。

　組織の力学は、常に人と人との関係から生み出されている。**私はこの複雑な人と人との関係性を凝縮した組織を「モザイク組織」と呼んでいる。**

　モザイク組織は、小さな強い個の集まりで大きな1つの組織を成している。決して混ざり合わない自律した存在同士が、常に本音をぶつけ合える関係である。色とりどりなピースの組み合わせにより弱みを補いあい、強みに変え、常に新たなピースを探し求め環境の変化に適応していく。

　異質な遺伝子との出会いを繰り返したときに突然変異が起こり自然界には存在しない新たな強い個が生み出される。そして、モザイクとなった組織の複雑性が情報の渦を作り出し、更なる高度な処理能力の獲得へと繋げていく。

　また、組織の力学はエンゲージメントそのものでもある。しかし、これまで述べてきた通りエンゲージメントに影響を与える要素は多

岐にわたり、本質的な影響要因を特定するのは困難である。特に、社会背景や仕事そのもの、上司によるマネジメント、個人の価値観などの影響因子の中でも、最も影響力が大きいのは社会そのものの成長であり到底人事施策では対処しえない。一方で、上司が与える影響は僅かではあるが、高杉晋作の言葉の「心なりけり」にあるようにマネジメントのやり方によっては部下の心のありようも大きく変えることが出来るはずである。

イラストレーターの中山庸子氏の言葉に「いい会話とは『意見が違う』という出発点から始まり、『協力しよう』で締めくくるもの」という一文があるが、部下の遠慮ない発言のために、上司が遠慮しているようでは本当の仲間になれない。組織が目指しているのは、一緒にがむしゃらになれる仲間になることである。

どんな組織も人で成り立ち、人は人の間で磨かれ心が通じあった時に予想以上に良い仕事ができるようになる。

——人間関係という面倒なことに対峙することで見えてくる面白さがある。

第3節　壁を乗り越える

私たちは再び進化を始める

NASA の惑星探査機ボイジャー1号、2号が打ち上げられたのは1977年のことで、1号のシステムトラブルの影響で2号の方が2週間程先に打ち上げられた。当時の私も子供ながらにそのことを鮮明に覚えているが、既に今から45年も前の出来事である。

　ボイジャーに搭載されているコンピュータのメモリは 69.63kB し
かなく jpeg の写真画像 1 枚分にも満たない、しかも記憶装置はテー
プレコーダーだ。演算速度は今のスマホの 10,000 分の 1 程度しかな
かったが、この数十年でコンピュータの性能は「18 カ月で 2 倍」に
なるというムーアの法則に基づき指数関数的に進化した。

　この間、人も進化を遂げてきた。男子 100m 走では 1968 年のメキ
シコオリンピックの決勝の舞台でジム・ハインズが世界で初めて 10
秒の壁をやぶり 9.95 秒を記録した。2009 年のベルリン世界選手権
でウサイン・ボルトが 9.58 秒を記録するまで 41 年、僅か半世紀足
らずで 4%も記録を縮めた。

――この時ボルトは 100m を 40.92 歩で駆け抜けた。

　私たちはまさにいま、変化のうねりの中にいるのだ。様々な技術
が加速度的に進化し、暮らしや社会のあり方に、根源的な変化をも
たらそうとしている。

　生物の進化の過程のなかで私たちは、環境変化に合わせ少しずつ
適応しながら、新たな叡知を産み出し続けてきた。組織も同様に働き
方や構成員の価値観の変化、テクノロジーの進展などに応じ日々
新たな DNA を組織の中に取り込みながら少しずつ進化の過程を辿っ
ている。

　日本は「失われた 30 年」を経て今も人口減少という大きな問題と
対峙し続けているが、この問題は一夜にして解決できるわけではな
くこの先 100 年間は構造的な解決は難しいといわれている。

　そのなかで私たちは時代の潮流に抗いながら、組織の持つ強さを

引き出し再び輝ける時を待っている。

　今後デジタル化により起こり得る産業構造の離散的な変化のうねりは、組織の形を大きなインパクトで変えていくだろう。

　かつて日本型雇用システムは日本の競争力の源泉と呼ばれていた。しかし、経済成長の鈍化によりシステムの限界が指摘されてきた。その間社員のやりがいをないがしろにし、生産性を高めることに必死になってきた。

　これからは「組織の力学」によって、日本の社会で働く個人の能力が存分に発揮され、多様な人材がそれぞれの組織コミュニティのなかで、いきいきと今日の仕事を楽しめる。そんな社会が来る日は遠くない。

　1990年2月14日、ボイジャー1号は最後の1枚をカメラに納めた。「ペイル・ブルー・ドット（淡く、青い、点）」、ボイジャー画像研究チームのカール・セーガンは、写真に納まった1ピクセルにも満たない地球の姿を見て、そう名付けた。

　そして、「はるか彼方から我々のこの小さな世界を捉えたこの写真ほど、人類のうぬぼれた愚かさを実証するものはないだろう」と、この小さく儚い存在を表現した。

　日本のバブル経済が足下から音を立てて崩れ始める、まさにその時であった。

　ボイジャーは地球から200億km以上もの遠くかなたで、今も私たちにいつもと変わらぬメッセージを送り続けている。

出所　NASA "the Pale Blue Dot."

参考文献

1. 国立社会保障・人口問題研究所 ． 「日本の将来推計人口」 https://www.ipss.go.jp/syoushika/tohkei/Mainmenu.asp （参照 2022 年 8 月）

2. 国立情報学研究所 ． 『人工頭脳プロジェクト「ロボットは東大に入れるか」』https://www.nii.ac.jp/event/videos/tourobo/ （参照 2022 年 8 月）

3. 岡村 友之 （1999） ． 「図解雑学 DNA と RNA」 ナツメ社

4. 齊藤 信 （2019） ． 「HR テクノロジーを実務に活かす」 労政時報 「3965 号」 労務行政研究所

5. 柴田 彰 （2018） ． 「エンゲージメント経営」 日本能率協会マネジメントセンター

6. デービット・アトキンソン （2019） ． 「日本の勝算」 東洋経済新報社

7. パーソル総合研究所 ． 「APAC 就業実態・成長意識調査（2019 年）」 https://rc.persol-group.co.jp/thinktank/data/apac_2019.html （参照 2022 年 8 月）

8. ピーター・F・ドラッカー （2001） ． 「マネジメント[エッセンシャル版] - 基本と原則」 ダイヤモンド社

9. Chester Irving Barnard （1991） ． 「組織と管理」 文眞堂

10. Daniel Nettle （2009） ． 「パーソナリティを科学する―特性 5 因子であなたがわかる」 白揚社

11. Granovetter, Mark （1973） ． 「The Strength of Weak Ties」 American Journal of Sociology, Vol. 78, No. 6., May 1973

12. Herbert Alexander Simon （2016） ． 「意思決定と合理性」 ちくま学芸文庫

13. MIT Technology Review ． 『脳のモザイク現象は「心の健康」に関係するか？探究続けた研究者の 20 年』 https://www.technologyreview.jp/s/257565/the-quest-to-learn-if-our-brains-mutations-affect-mental-health/ （参照 2022 年 8 月）

14. NASA ． 「Pale Blue Dot Revisited」 https://www.jpl.nasa.gov/images/pia23645-pale-blue-dot-revisited （参照 2022 年 8 月）

15. Niels Bohr （1999） ． 「ニールス・ボーア論文集〈1〉因果性と相補性」 岩波文庫

第3章　組織マネジメントに活用できる
管理者のための「人事評価」

　人事評価については、多くの企業・組織で実施しているものの、その運用に悩む管理者は多い。

・この忙しい時期にまた、人事評価か。
・悪い評価を付けると、働く意欲を下げてしまうかもしれない。
・人事評価って結局は好き、嫌いでしょ。
　　…

　しかし、改めて申し上げるまでもないことだが、管理者の果たす役割は、会社・組織の成長のために組織メンバーの能力・長所を最大限活かして、組織目標を達成することであり、そのマネジメント対象が「人材」「業務」両面であることは言うまでもない。

　そこで、この章では、管理者にとって、「人事評価」が「人材」面はもちろん、「業務」面までも含めた組織マネジメントに有効なツールである、ということをお伝えしていきたい。

第1節　　人事評価の概要

（1）　なぜ人事評価を実施するのか

　人事評価を実施する目的は大きく3つある。

図表3－1　人事評価の目的

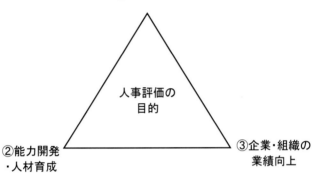

① 処遇への反映

　まず一つ目は処遇への反映である。人事評価については、定められた期間中の組織メンバー一人ひとりの「できた」「できない」等、業務結果を判断するものであり、結果として、「昇降給」「賞与」「昇降格」といった組織メンバーの処遇にも直結する。

　もちろん、これはこれで重要なことではあるが、**この処遇への反映のみを人事評価の目的と捉えると、管理者にとっては単なる業務負荷と感じる場合も少なくなく、組織マネジメントへの活用には到底、繋がらない。**

　ではどう捉えるべきか、それが②③に続く。

② 能力開発・人材育成

　組織メンバー一人ひとりの人事評価は、能力開発・人材育成に繋

げるもの、これが二つ目の目的である。「できた」「できない」の評価を、「**なぜできたのか、何が良かったのか**」、一方、「**なぜできなかったのか、何が良くなかったのか**」、さらには、「**次期・将来に向けた改善点は何なのか**」をその要因等まで繰り返し掘り下げることで、組織メンバーの能力開発・人材育成の課題に多くの「気づき」を得ることができる。

③　企業・組織の業績向上

　三つ目は組織の業績向上への貢献である。管理者の業務責任範囲については、自身を含めた組織メンバーの業務の総和であり、理論上、下記の式が成り立つ。

組織（管理者責任）の業務＝組織メンバーの業務の総和

図表3-2　業務の組織メンバーへの展開イメージ

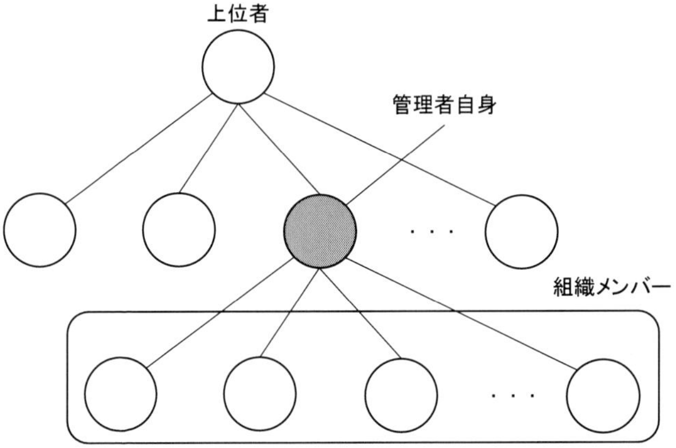

管理者は組織メンバーと方向性（目的・目標）を共有し、組織メンバーへの業務分担と進捗管理を行い、さらに時にはメンバーの働く意欲を高めながら、組織全体を目標達成に導くことが求められる。組織メンバーの業務の総和が組織の業務全体であることから、仮に期末において、管理者を含めた組織メンバー全員が目標達成を果たすことができているなら、組織目標は達成されているはずであり、逆に言えば、管理者は組織メンバーに対し、そうなるよう適切な業務分担を行う必要がある。このツールとして、「人事評価」のプロセスは大いに役立つものである。

　以上、３つが人事評価の目的である。

（2）何を評価するのか

　続いて、人事評価は何を評価するものなのか。企業・組織によって見方が異なる場合もあるが、一般的には、「業績評価」「執務態度評価」「発揮能力評価」の３つに分けられる。

　大きな分類としては結果・状態を対象とする業績評価と、経過・プロセスを対象とする執務態度評価、発揮能力評価に分かれる。

図表３-３　人事評価の３側面

業績評価	一定期間における業務の成果や結果に基づく評価である。具体的には、期初に設定した目標の達成度や組織への貢献度等が対象となる。
執務態度評価 （情意評価）	職務遂行に際しての、勤務姿勢や取り組み態度等の評価である。具体的には、規律性、協調性、積極性、責任感等、が対象となる。
発揮能力評価 （行動評価）	職務遂行に際して発揮される能力に対する評価である。発揮能力に対して潜在能力という考え方もあるものの、評価においては顕在能力が評価対象となることが一般的であり、行動評価でもある。

　これら３つの側面を少し俯瞰的に見た場合、以下の捉え方が成り立つと考える。意欲、スキル等をもつ「人」が、業績という「結果」を導く過程の中で、執務態度、発揮能力というプロセス自体を「仕事」と捉えれば、人・モノ・金・情報等の経営資源の一つであり、しかも最も重要といえる「人」が、「仕事」を通じて「結果」を導くという構図が成り立つ。

　このとき、プロセスである「仕事」部分に着目すると、ここが正に人事評価でいう「執務態度」と「発揮能力」であり、これらが期待通りに発揮されれば、結果である「業績」も自然とついてくるように評価制度が設計されているべきである。このことから、管理者にとってプロセスである「仕事」部分と結果である「業績（目標も含む）」をいかに連動させてマネジメントできるかが重要であることが分かる。

図表３－４　人事評価の観点に立った「仕事」の概念図

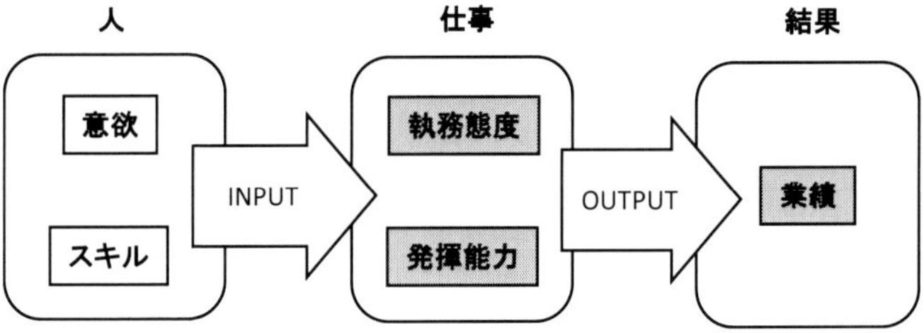

第２節　　人事評価の３つの側面

　第１節で挙げた「業績」「執務態度」「発揮能力」の３つの評価側面について、掘り下げていく。

（1） 等級制度との関連

　まず、本題に入る前に人事管理の基盤となる等級制度（人事制度における格付け）について、簡単に抑えておきたい。等級制度については、個々の企業・組織で求められる能力レベルを設定することである。能力レベルについては企業・組織によってあるべき姿が異なるものの、求められる役割・職務等によって分類されることが多い。また、営業、管理、製造等といった、職種ごとのコース設定をする、いわゆる複線型を設定する場合も少なくない。

図表３－５　４つの能力レベルの例

レベル	レベル区分の目安	職種		役職例
レベル4	大規模組織の責任者もしくは最高度の専門職・熟練者として、広範かつ統合的な判断及び意思決定を行い、企業利益を先導・創造する業務を遂行するために必要な能力水準。	営業・管理	製造	部長 担当部長
レベル3	中小組織の責任者もしくは高度専門職・熟練者として、上位方針を踏まえて管理運営、計画作成、業務遂行、問題解決等を行い、企業利益を創出する業務を遂行するために必要な能力水準。			課長 担当課長
レベル2	グループやチームの中心メンバーとして、創意工夫を凝らして自主的な判断、改善、提案を行いながら 業務を遂行するために必要な能力水準。			係長 主任
レベル1	担当者として、上司の指示・助言を踏まえて定例的業務を確実に遂行するために必要な能力水準。			一般社員

出典：厚生労働省「＜職業能力評価基準におけるレベル区分の目安例：事務系職種＞」に基づき、作成
https://www.mhlw.go.jp/stf/newpage_07949.html

（2） 人事評価の側面

　では、人事評価における３つの側面について詳しくお伝えする。

① 業績評価

　業績評価については、目標管理制度を活用する場合も多いが、その理由は、管理者、組織メンバー双方が業務の成果や到達すべき点を事前に明らかにできることが大きい。目標管理制度を活用する場

合、管理者とメンバー双方が合意したうえで、期初に個人目標が設定され、期中に進捗確認や軌道修正を図りながら、期末にその目標が達成できたかどうかを確認し合う。このため、期初の目標設定時は、いわば「管理者とメンバーの契約」に当たるともいえる。

　また、目標設定において重要なことは、期初の段階で

　「何を、いつまでに、どの水準まで」

という達成状態を管理者、メンバーとの間で、事前に明確に共有しておくことである。ポイントとしては以下のとおり。

・組織目標と個人目標との間で整合性が取られていること

　　組織メンバーの業務の総和が組織全体の業務であることから、理論上、個人目標の総和が組織目標となる。したがって、原則として、個人目標は組織目標と関連をもつ。

・目標水準が能力レベルに相応しいこと

　　個々の組織メンバーの能力レベルに沿った目標を設定する。例えば、評価対象者の能力レベルが「係長」相当と格付されているのであれば、設定される目標も相応のレベルとする必要がある。

・目標達成の状態が、事前に明確になっていること

　　評価である限り、事前に明確な達成水準があることが望ましい。特にその状態については、数値化して測定できるようにするなど期末に管理者、メンバー間で齟齬が生じないようできる限り精緻に設定するべきである。

②　執務態度評価（情意評価）

　執務態度評価については、企業・組織の業績向上に向けたメンバーとしての業務遂行レベルを、取り組む態度の観点で行う評価である。執務態度評価では組織として求める姿勢を評価するものでもあり、

企業文化や組織風土を反映していることが多い。例えば、伝統的な企業は、秩序や人間関係をより重んじるであろうし、一方で、スタートアップしたばかりの企業では、新しいことに積極的にチャレンジする姿勢に重きが置かれる等、企業の歴史・状況等により、その時に合った形で設計する必要がある。

図表３－６　執務態度の評価項目例

評価項目	評価内容
規律性	社会人として求められる一般的秩序
協調性	同僚、他部署への協力度
積極性	チャレンジ、改善
責任感	仕事の達成意欲、業務遂行上の報告・連絡・相談

③　発揮能力評価（行動評価）

　発揮能力評価については、期待される活動のうち成果を獲得する過程である「行動」を通じて、発揮される能力を評価する。発揮能力評価については、その企業・組織における「あるべき人材像」といった人材モデルとしても活用することができる。具体的には、企業・組織で各能力レベル・各職種に期待する行動を能力評価基準として設定し、この基準に基づいた評価を行うことで、求めたい発揮能力レベルを設定することができる。

　なお、設定する項目例は**図表３－７**のとおり。

図表３－７　発揮能力基準の例　※営業・管理系職種の係長の場合

1. 計画	組織や上司の方針に基づいて、具体的な方策・計画を立案する。	
	①計画の策定	事案における課題を的確に把握し、具体的な方策・計画の立案を行う。
	②知識・情報収集	業務に関連する知識の習得・情報収集を行う。
2. 判断	自ら処理すべき事案について、適切な判断を行う。	
	③役割認識	自ら処理すべきこと、上司の判断にゆだねることの仕分けなど、自分の果たすべき役割を的確に押さえながら業務に取り組む。
	④適切な判断	担当する事案について適切な判断を行う。
3. 説明・調整	担当する事案について論理的な説明を行うとともに関係者と調整を行う。	
	⑤説明	論点やポイントを明確にすることにより、論理的で簡潔な説明をする。
	⑥調整・報告	担当する事案について関係者と調整を行う。
4. 業務遂行	段取りや手順を整え、効率的に業務を進める。	
	⑦段取り・進捗管理	業務の展開を見通し、前もって段取りや手順を整えて仕事を進める。
	⑧業務改善	作業の取捨選択や担当業務のやり方の見直しなど業務の改善に取り組む。
5. コミュニケーション	部下の指導、育成および活用を行う。	
	⑨作業の割り振り	部下の一人ずつの仕事の状況や負荷を的確に把握し、適切に作業を割り振る。
	⑩部下の育成	部下の育成のため、的確な指示やアドバイスを与え、問題があるときは適切に指導する。

出典：令和３年９月　内閣人事局・人事院「人事評価マニュアル＜資料編＞　P6～22」に基づき、作成

https://www.cas.go.jp/jp/gaiyou/jimu/jinjikyoku/files/r0309_hyouka_manual_shiryou.pdf

第３節　人事評価を活用した組織マネジメント

　第３節では人事評価を、組織マネジメントにどのように活用していくかをお伝えする。

（1）評価期間中の時期（期初、期中、期末）による重点取り組み事項

人事評価の期間を期初、期中、期末の3つに分け、各時期にどのように活用していくかをご紹介する。

① 期初

管理者は期初に計画策定を行うだろうが、業務分担の割り振りは、人事評価における業績目標の設定、また、その達成に向けた手段・方策の策定はプロセス評価である執務態度や発揮能力の期待姿勢・行動といえる。この前者は業務面、後者は人材面に関する計画を具体的なレベルまで掘り下げることに他ならない。

また、人事評価においては、プロセス評価である執務態度評価や発揮能力評価の各項目を担当業務（業績評価の各項目）と紐づけ、期待姿勢・行動として設定しておくことが望ましい。「この項目は、この業務のこういう機会に具現化する」ということを**管理者、組織メンバーの間で事前に共有化しておく**ことで、目指すところや評価の対象が明確になり、納得性も増す（**図表3－8参照**）。

こうすることで、人材面では組織メンバー個々のキャリアの将来像に対し、当該期間内にどういう行動を心がけ、どういう経験ができるか等、ターゲットとする行動を明確にすることができる。また、業務面においても、同期間においてメンバー本人が何を実現・到達しなければならないかを事前に認識することができる。

図表3－8　発揮能力項目における期初の期待行動設定例
※採用担当の場合

発揮能力項目	（期初における）期待行動
①計画の策定	「次年度採用計画」について、作業開始から社内決裁までのスケジュールを作成する。
②知識・情報収集	「新規事業開発人材の採用」に向け、効率的に即戦力採用できる選択可能な手法を3つ提示する。
③役割認識	業務全般において、関係組織・部署との連携時に意識する。
④適切な判断	特にトラブル発生時のファーストコンタクトで意識する。
⑤説明	「来期予算案策定」において、上司、役員に対して理解してもらえるような説明を行う。
⑥調整・報告	新卒採用活動において、面接官の調整など他部署との関係構築を図る。
⑦段取り・進捗管理	「採用計画」の承認以降、社内浸透を図る。組織間調整が発生する可能性があるので、余裕をもって進められるよう早めに動き出すことを心掛ける。
⑧業務改善	採用活動における業務効率化に向けて、ペーパーレスを含めて適宜、改善実施が図れるようチーム内に浸透させる。
⑨作業の割り振り	「入社式」開催に向けた準備について、リーダーを入社3年目の藤代さんに任せる。
⑩部下の育成	次期チームリーダー候補の高田さんとのコミュニケーションにおいて本人の能力レベルを意識した行動を促す。

※　：【発揮能力項目】は、「図表3－7　発揮能力基準の例」を引用

②　期中

　組織マネジメントおよび人事評価いずれにおいても、期中は正に業務遂行を図っている段階であり、管理者は期初に定めた組織メンバーの業績目標、また、期待姿勢・行動が想定どおり実施されているか等、状況確認、進捗管理を行いながら、軌道修正を含めて**人材・業務面において組織メンバーとの積極的な関りが求められる**。

　このとき、管理者にとっては、**組織メンバーの状況観察・指導および記録が重要となる**。そのポイントとなる要素は、期初にあらかじめ設定している「業績目標、および、執務態度や発揮能力の期待

姿勢・行動」ということになる。記録という点においては、管理者にとって期中の事実を適切に管理しておくことが望ましいことに異論がある者はいないだろうが一方で、日々、起きている職場や組織メンバーの状況を記録することは管理者にとって容易なことではなく、また、全てを留めておくことは不可能に近い。加えて、アテもなく、大量の記録があっても評価時や期末に振り返りを行う際、必要な情報を拾い上げることも煩雑になりかねず、不要となるものも多い。だからこそ、期初の段階で業績目標を設定し、執務態度および発揮能力の期待姿勢・行動を明確にしておくことは、観察ポイントも明確になり、効率かつ有効な指導および記録に繋がるといえる。

　なお、観察・記録している組織メンバーの姿勢・行動については良い点、悪い点いずれも期末にため込まず、適宜、指摘することが望ましく、特に正さなければならない姿勢・行動については即座に指導する必要がある。人事評価の目的が「処遇」だけでなく、「能力開発・人材育成」も兼ねている、ということを鑑みれば、自ずとご理解いただけるだろう。

図表3－9　期中における組織メンバーの行動記録例

11月		加藤	佐藤	高田
	業務内容	当該月　人事評定運用・研修 資格試験 雇用契約 昇格審査 予算策定	採用計画 採用活動準備 入社式 キャリア採用 予算策定 人材教育	新卒採用 学生向けインターンシップ 広報活動対応 ダイバーシティ推進 その他
執務態度	規律性	14：人事評定研修の進め方に提案を求めても「指示があれば対応します」と自ら考える姿勢を示さない	14：残業申請遅延	
	協調性		11：海外事業部と連携 13：人事部経験のない部長の意見を聞こうとしない	
	積極性		12：他部署への案内文書の改善の指摘も前年踏襲に固執する	
	責任感	8：品質向上に消極的 13：宛名間違いの指摘に、ク者の問題を反論　期待行動のキーワード		4：広報活動スケジュール概略策定指示を失念
発揮能力	計画の策定	予算策定や評定研修 19：評定者研修　何をしたいか、盛り込みすぎ	採用スケジュール、予算 11：キャリア採用→筆記試験の方法などをすぐに修正	インターンシップ企画 11：生産インターンシップ企画作成 25：部長講演資料策定、早めにスタート
	知識・情報収集	人事全般の業務知識	採用に関する知識	ダイバーシティ推進、OJTリーダー
	役割認識	異なる視点、課会など	学生対応	
	適切な判断	残業是非の選択	自身の強み、海外経験	
	説明	評定研修	上位者への報告 12：採用計画案の役員資料を部長へ確認 18：役員へ採用活動企画報告 29：オンライン最終面接の報告を部長にしたが、なかなか納得をしてもらうことができない　日付：行動記録	改善提案 26：OJT状況説明

ここで、記録の方法例を**図表３－９**に紹介しておく。この例では、担当者の業務内容、執務態度・発揮能力の項目を縦に並べ、組織メンバーを横に並べている。記録を起こすタイミングについては状況にもよるが、筆者は自身およびメンバーの業務日報を確認しながら週１回は時間を確保している（例えば、組織メンバー10人程度であれば通常は２時間程度）。管理者自らの振り返り、組織メンバーの状況把握、組織全体としての進捗状況の確認、また、記憶を呼び起こす意味でも短すぎず、長すぎず、最適なタイミングであると考えている。特に、執務態度や発揮能力の項目については組織メンバーとの間で担当業務のどの項目において意識して行動するかを期初に共有してあるので、そこに目を付けられるようにキーワードとして記載しておけば、管理者にとっても備忘録として適宜、触れることができ、抜け漏れを生じさせにくい。

　なお、期中においては、期初に設定した目標や期待姿勢・行動の軌道修正や突発事項への対応、さらには、新たな課題が発生する環境変化があることは珍しいことではない。その際は当然、期初の設定のみに固執するのではなく、管理者・組織メンバー、双方合意のうえ、目標や計画の変更を行う必要がある。ただし、**芳しくない目標修正とは、到達が困難であると分かった場合や、評価結果や処遇などから逆算して変更すること**である。人事評価の目的が「組織の業績向上」への貢献であることを考えれば、仮に一人の目標が下方修正されれば、組織全体の目標達成に影響することはご理解いただけるだろうし、また、「能力開発・人材育成」の観点に立っても、反省点・振り返りが疎かになる可能性がある。本人にとっても組織にとっても中長期的に見た場合には望ましい姿ではなく、逆算からの変更は厳禁として欲しい。

③　期末

　期末においては、期初に設定した（一部は期中に軌道修正した）目標、期待姿勢・行動の到達度合いを評価・確認し、さらに次期以降に向けた改善点を抽出する時期である。この際、実際の行動や事実ベースの客観的な情報から判断することが最も大切ある。

（ア）　客観的事実による評価の徹底

　評価者にとって気を付けなくてはいけないことは、「彼女はやればできる」「彼のことはあまり好きではない」というような主観・先入観を排除できるかどうかである。実際、「言うは易し、行うは難し」であり、これは相当、難しい。というのも、我々は日常生活の中で、既に多くの場面で主観的な評価をしてしまっているからである（人事評価の観点からは厄介のことに、日々の生活ではその主観の判断結果から行動を起こしていることが一般的には、ほとんどであり、しかもその判断は正しいことも多い）。例えば、街や電車などで見かける他者の言動などに、「あれは良くない」と感じることも読者の皆さんは、身に憶えがあるだろう、これは主観である。また、ネットにおける購買活動において、物品・書籍等の購入およびホテル・飲食店の予約等の口コミ情報を参考にすることはもちろん、自ら書き込むことや SNS に投稿することも日常生活で体感したり、習慣化している方もいるだろう、これも多くは主観である。つまり、我々はこうしたいわゆる主観による評価の場面に数多く出くわして日常生活を送っているのだ。

　一方で、人事評価結果は、「組織メンバーの処遇に反映」し、「組織メンバー本人の能力開発」にも関りが強く、加えてそのきっかけとなる働く意欲への影響もある。さらには、上位方針実現に向けた

「組織としての業績向上」にも関りがある上、管理者はその判断した評価結果に責任があり、説明が求められる。だからこそ、**客観性、事実ベースの情報による判断が必要となる。**

　このことからも、日ごろの記録を正しく残すことが有効であることはご理解いただけるだろう。

（イ）　振り返りの重要性

　評価を付けたあとは振り返りが重要である。人事評価の目的のひとつである能力開発・人材育成の観点に着目すると、**振り返りをすることで人は大きく変化・成長できる**と考える。その理由は現状や課題の認識、また、得意分野等を自ら可視化することが可能であり、「気づき」に繋がるからである。

　なお、振り返りについては、管理者からの評価はもちろん、組織メンバー自身の自己評価と合わせた２軸で考えたい。管理者は記録した事実をもとにメンバーに対する評価、フィードバック、ならびに次期に向けた課題設定を行う。一方、メンバー自身の自己評価における気づきや発見も当然、ある。管理者の評価と組織メンバー自身の自己評価が重なる部分もあるが、一方で、管理者の指摘からのみ発見できること、また、管理者には見えないがメンバー自身でのみ発見できること、両面がある。

　この考え方を整理するため、心理学の世界において有名な「ジョハリの窓」を紹介したい。その概念とは、「自分自身、周囲の人」という軸と「知っている、知らない」という軸により、４象限で捉える考え方である。

図表3－10　ジョハリの窓

		自分自身が	
		知っている	知らない
周囲の人が	知っている	開放の窓	盲点の窓
	知らない	秘密の窓	未知の窓

・開放の窓：「自分自身が知っている」×「周囲の人が知っている」

・秘密の窓：「自分自身が知っている」×「周囲の人が知らない」

・盲点の窓：「自分自身が知らない」×「周囲の人が知っている」

・未知の窓：「自分自身が知らない」×「周囲の人が知らない」

　この考え方は執務態度や発揮能力といったプロセスを捉えるのに特に有効度が高い。具体的には、確実に顕在化している部分が「開放の窓」である。本人も周囲も認識している姿勢・行動である一方、自己評価のみで分かる「秘密の窓」や管理者からのみ見えている「盲点の窓」の部分もある。これらは顕在化しているものの、お互いが見落としている可能性がある、という部分である。こうした概念を活用して能力全体を広く認識することが有効であることはもちろん、管理者、メンバー双方がともに見落とす可能性がある、ということを認識した上で一緒に活用することこそ非常に重要であると考える。管理者、メンバー双方が尊重し合う意識により、指摘事項に対しても素直に受け入れやすく、より多くの気づきを得られ、評価対象者の成長に繋げることができる。

このことから、管理者は自身だけでなくメンバーにも日々の事実を記録させる重要性を説き、実践させることが重要である。

（2）管理者として必要な心構え・姿勢

①　組織メンバーの働く意欲の喚起

　繰り返しになるが、人事評価の対象は顕在化される結果や姿勢・行動の事実である。一方で、メンバーに目を向けると、その原動力となっているのは一人ひとりの「意欲」や「スキル」に依るところが大きく、さらにそれを司っている要素となるのが、本人の「考え方」にあると筆者は考える。

図表３-１１　「人」の「意欲」「スキル」に影響する「考え方」の
　　　　　　　概念図

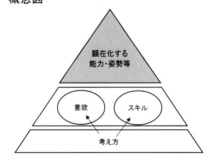

　確かに、人事評価は業績、執務態度、発揮能力と顕在化できるものが対象であるが、その目的が、人材育成や組織の業績向上につながっている、という点を鑑みれば、単に評価するのみではなく、その人の内面にある意欲やスキルを高め、自発的に行動変容を促すことができることが理想である。そのため、組織メンバーが何で意欲

が高まるか等、管理者はメンバー一人ひとりの考え方を知ることが望ましく、だからこそ、日ごろから組織メンバーとのコミュニケーションを通して、個々の「考え方」に触れておく必要がある。

　ここで、働く意欲（モチベーション）に関してハーズバーグの有名な動機づけ・衛生理論をおさらいしたい。

図表3－12　ハーズバーグの動機づけ・衛生理論

動機づけ要因	達成
	達成の承認
	仕事そのもの
	責任
	昇進
	成長の可能性
衛生要因	会社の政策と経営
	監督技術
	対人関係
	作業条件
	給与

出典：東洋経済新報社「『仕事と人間性』P140　フレデリック・ハーズバーグ著　北野利信訳」に基づき、作成

　読者の皆さんもご承知のことではあると考えるが、動機づけ要因については仕事の達成感、承認、仕事そのものなど人の能力向上や自己成長に関連が深い要素が多い。一方で、衛生要因は会社方針や管理方法、作業条件など環境面が挙げられている。ここで取り扱いについて注意すべき側面は衛生要因である。衛生要因については、対策をとることにより、不満の解消にはなるものの、そのことが必ずしも満足感や働く意欲を高めるとは限らないといわれている。

　このことから、管理者は「衛生要因」、すなわち、働く環境整備の

みに目を向けるのではなく、組織メンバーの意欲を高める、といわれている仕事の適性や志向など仕事そのものと関連が深い「動機づけ要因」を強く意識しなければならない。とはいえ、働く意欲の源泉は人や状況、タイミングによって異なることも多く、また、変化する、捉えどころが難しいという事実もある。

　以上のことから、**管理者は組織メンバーとのコミュニケーションにおいて試行錯誤を繰り返すことで、不確実性を極力抑えながら、メンバーの働く意欲を高め、その集合体といえる組織全体のパフォーマンスを高めていくことが求められている。**

②　管理者自身の絶え間ない自己研鑽

　メンバーの働く意欲に少なからず影響する大きな要素のひとつが、管理者の言動であることは間違いない。このことからも管理者自身は常日頃から、自らを律して組織メンバーの信頼を得ることに誰よりも努める必要がある。管理者も自身に課せられている業績目標を常に意識し、その達成に向けた日々の努力は当然のこと、また、基準となる執務態度、発揮能力等を実直に遂行する必要があり、**自問自答を繰り返しながら、自己研鑽、人間力向上に努めなければならない**。

③　面談機会の活用

　管理者は日ごろから**働きやすい職場づくりを心掛けることも重要である**。管理者は職場において、普段から極力、話しやすい雰囲気を作っておくことが求められる。そのためには、人事評価でよく言われている面談機会を活用することは有効であろう。もちろん、面談の目的は期初、期中、期末等、場面・場面でそれぞれ異なるが、

メンバー一人ひとりと個別に話をすることで、メンバーの本音や思わぬ背景が見えることも多い。面談の頻度、所要時間等についてはさまざまな手法があり、近年は週1回30分などという方法もいわれているが、全メンバーとじっくり時間を取るタイミングとしては、一つの評価期間が半年程度であれば少なくとも期初、期中、期末に1回ずつは設定し、時間もそれぞれ1時間程度は持ちたい。

　また、面談全体において、注意しなければならないことは面談時間中の発言を極力、メンバー中心で進めることであり、決して管理者からの説得にならないことである。管理者がメンバー一人ひとりを少しでも知る努力を行い、メンバー自身の個々の働く意欲の源泉に触れる機会を持つことで信頼関係の構築にも繋がっていく。

　いずれにしろ、管理者は組織メンバーとの間の日々のコミュニケーションを意識し、また、メンバーの模範となるような行動、自己研鑽を重ね、職場活性化に努めることが非常に重要である。

第4節　人事評価における留意点

　当章の最後にここまで伝えられていない人事評価で大切な留意点を述べておきたい。

（1）組織メンバーの典型的な行動を見逃さないこと

　管理者が組織メンバーの姿勢・行動を人事評価の期間全てにわたって観察することは不可能であり、（居直るわけではないが、）その必要もない。一方で、だからこそ、人事評価においてはポイントとなる事実を適切に把握することが求められる。例えば、管理者に

対する報連相のタイミング、トラブル時の対応、下位者への接し方、また、社内外や他部署との連携等。このような、典型的な業務・行動を見落とさないことが肝要である。

（2）管理者自身も間違いをおかす可能性がある、と自覚すること

人事評価は事実・客観性をもってなすべきである、ということをこれまでも述べてきたが、一方で「人が人を評価する」ことは容易ではなく、また、評価者が陥りやすい誤りも存在する。このことを回避する努力は継続しなければならない。

その上で大切なことは、「人は必ず間違える」「自分もその種のエラーに陥る可能性がある」ということを肝に銘じておくことである。このこと自体が過ちを犯すブレーキになる。

人事評価において陥りやすい誤りを**図表３－１３**に示す。

図表３－１３　人事評価における陥りやすい誤り

傾向	内容	対応策
ハロー効果	・被評価者に対する全体的な印象から、あるいは何か一つの印象から個々の特性を同じように評価する傾向 例）明るく人付き合いが良いという印象のみで、評価項目のほとんどを高く評価してしまう。 ・彼・彼女は良い（悪い）と思うと、評価要素がすべて良く（悪く）見えてしまう傾向	①個々の特性を区別して評価すること ②思いつきや感情によって評価することなく、被評価者の具体的な行動事実を取り上げること ③評価項目の内容に即した具体的事実により、評価をすること ④一つの事実は、一つの評価項目だけで評価し、他の評価項目で評価しないこと
寛大化傾向	・ややもすると甘い評価をしてしまう傾向 例）長く同じメンバーであったりすると人情から寛大になってしまう。	①部下に対して厳しく批判することをためらわないこと ②成績を見分けることについての自己の評価能力を身につけ、自信を持つこと ③評価基準に照らし、自身の評価目線が甘すぎないかを確認しつつ評価すること
厳格化傾向	・評価が一般に基準以上に辛くなる傾向	※寛大化傾向と表裏をなす
中心化傾向	・大部分について「普通」や「平均的」と評価し、優劣の差を付けることを避ける傾向	①良し悪しをしっかり判断できるように、十分に被評価者についての具体的事実を知ること ②その他「寛大化傾向」の①～③に準ずる
論理的錯誤	・評価する段階で自分の論理を持ち込み、関連がありそうな評価要素に同一あるいは類似した評価をしてしまう傾向 例）「規律性」と「責任感」を同一視し、「規律性」の高いメンバーは「責任感」も高い評価としてしまう。	①評価要素ごとに何を評価するのか、その区別をはっきりと認識して行うこと ②制度上の取決めを良く理解すること
対比誤差	・自分の能力を基準にして評価する傾向 ・自分の得意な分野は厳しく評価し、苦手な分野は甘く評価してしまう傾向	①被評価者に期待すべきところを十分に確認すること ②自己を基準に置かず客観的事実に基づき評価すること
逆算化傾向	・処遇（全体評価）から逆算して評価をつくり上げる傾向	①被評価者の行動の評価に当たって、処遇は考慮しないこと ②具体的行動の分析を経て、評価を行うという手順をしっかり踏むこと

出典：令和３年９月　内閣人事局・人事院「人事評価マニュアル」P82 に基づき、作成

https://www.cas.go.jp/jp/gaiyou/jimu/jinjikyoku/files/r0309_hyouka_manual.pdf

　以上が人事評価の章となる。

　人事評価は、処遇への反映だけでなく、組織メンバーの能力開発・

人材育成、また、組織としての業績向上や組織活性化に向けた貴重なツールとなることをご認識いただくとともに、管理者自身の成長にも繋がる極めてやりがいの高い業務であることが少しでも伝われば幸いである。

参考文献

・Nana ブックス「儲けを生み出す人事制度７つのしくみ」有限会社人事・労務

第4章　キャリア・プランニング

第1節　キャリアとは何か

キャリアが意味するもの

　「キャリア」という言葉は最近になって頻繁に使われているが、その本来の意味や語源を知っている人は少ないだろう。表音文字であるカタカナ表記で「キャリア」と記載し、そのまま発音した場合、例えば「キャリア・バッグ（輸送鞄）」や「貴方の携帯電話のキャリア（通信事業者）はどこ？」等の使われ方もするが、それらは辞書（Weblio 英和辞典）を見ると「運搬（carry）するもの」という意味であり、これは仕事上のキャリアを指す単語ではない。

?　【carrier】…運搬人、使者、運送車、通信会社…etc.

一方、仕事上のキャリアを指すのは上記と違う単語で、下記である。

!　【career】…経歴、履歴、職業、生涯の仕事…etc.

この単語（career）を英語圏で通じるような発音でカタカナに直すと「カリーア」に近いのだが、本稿では日本語における一般的な用語法に倣って「キャリア」と記す。両単語とも語源はラテン語のcarrus（車輪のある乗り物）であり、career は「轍（わだち）」に相

当する。過去歩んできた経歴や履歴などを指し示すと同時に、これから向かっていく方向に描かれるだろう轍のイメージなどを示す。

　また、「キャリア」というと「職業」や「仕事」の分野に限定してしまいがちだが、「経歴」や「履歴」は別に仕事には限らない。その人が過去にどんな事をしてきたか、今後どんな事をしようとしているかという、広い意味が含まれていることを見逃してはならない。特に我々日本人は「キャリア」というとどうしても職業や仕事に限定して考えがちだが、欧州には王侯貴族のように生業を持たない身分もある。日常会話においても「親としてのキャリアはまだ短いです」等の使い方もされるので「職業」や「仕事」というよりは「役割（role）」に近い概念だと考えた方が分かり易い。

キャリア（career）は職業や仕事ではなく、役割（role）

　組織の中で特定の職種等を増やそうとした場合、当該組織内で多くの社員の目標となり得るような理想的な人達を「ロール・モデル」と呼んだりするように、「役割（role）」は人事用語としてもよく使われる。しかし、こうした本来の（広い意味での）役割は組織内や仕事に限定されるものではない。人生において親や子供や市民としての役割なども「ライフ・ロール」と呼ぶ。同様に、様々な役割を同時に複数こなしていく人生全体の経歴や履歴を「ライフ・キャリア」と称する。そして我々日本人が一般的にイメージしがちな、職業などの仕事に関するキャリアは「ワーク・キャリア」と呼び、ライフ・キャリアとは区別すべきである。この両者の関係は次頁の「ライフ・キャリア・レインボー」の図を見れば一目瞭然であろう。

ワーク・キャリアとライフ・キャリアの関係

　前項で「キャリア」という言葉は必ずしも仕事や職業に限った概念ではないこと、そしてむしろ「役割（role）」に近い概念であると述べた。では仕事や職業におけるキャリアとそれ以外のキャリアについて、つまり**キャリアという概念全体をどう捉えればよいのか。**この問いに対するクリアな回答は下図の「ライフ・キャリア・レインボー」の図であろう。これは教育心理学者で経営学者でもあったアメリカのドナルド.E.スーパー博士が提唱したものである。

図4－1　ライフ・キャリア・レインボー

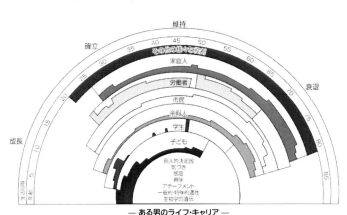

— ある男のライフ・キャリア —

「22歳で大学を卒業し、すぐに就職。26歳で結婚して、27歳で1児の父親となる。47歳の時に1年間社外研修。57歳で両親を失い、67歳で退職。78歳の時妻を失い81歳で生涯を終えた。」D.E.スーパーはこのようなライフ・キャリアを概念図化した。

出典　文部省『中学校・高等学校進路指導資料第1分冊』平成4年

　地平線に当たる下線の左端を一人の人間の生誕とし、右端を人生の終焉として扇を描き、この扇をライフ・キャリアつまり人生に見立てて多階層の弧を描く。生誕時点から発生し両親が死去するまで

続く「子ども」という役割、就学して始まり就職後も断続的に続く場合がある「学生」、就職から退職まで続く「労働者（職業人）」、そして結婚したり子供が産まれたり親と同居したりする際の「家庭人」などが別々の弧として併存する。これらに加え、地域社会に帰属する者としての「市民」、プライベートな趣味などを楽しむ「余暇人」も一つの役割として加え、全てを扇の中に多層的に、そして各役割の重さも弧の太さで表すことで、グラデーションのかかった虹の様な様相となることが、この図の名称の由縁である。

ワーク・キャリアは、ライフ・キャリアの一部分

　この図を見ると、一般的に我々がキャリアとしてイメージしがちな、仕事や職業に関するキャリアすなわちワーク・キャリアは労働者（職業人）という役割で表される弧の一つに過ぎないことが分かる。生誕から死去までを180度とし仮に平均寿命（わが国では男女とも80代）まで生きたとした場合、この労働者（職業人）という弧は、就職する20代前後から退職する60代前後までだとすれば、全人生の約半分の90度程度の期間にしか存在しない。またその期間中のどの時期をとっても複数存在する役割の中の一つでしかないことが分かる。この虹全体が人生すなわちライフ・キャリアであるから、このライフ・キャリア・レインボーの図は**「仕事や職業は、人生の一時期における一部分でしかないのだ」**という、極めて当たり前の事実を我々に示してくれると同時に、気付かせてくれる。

本来のＷＬＢ（ワーク・ライフ・バランス）の意味

　一般的に「バランス」という言葉から連想されるのは、下図左側にあるような天秤やシーソーのようなイメージだろう。すなわち、左右どちらかの要素が重ければそちら側に傾き、両者の重さが拮抗していればバーは水平となる仕組みをイメージするであろう。従ってWLB（ワーク・ライフ・バランス）と言えば「ワークとライフのバランス（均衡）をとりましょう」つまり我々日本人の多くが陥りがちな働き過ぎへの警鐘を鳴らし「仕事ばかりしていないで自分の人生をもっと充実させましょう」という意味になるのだろう。

　しかし、よく考えてみれば、そもそもワーク（仕事）はライフ（人生）の一部ではないか。先のライフ・キャリア・レインボーの図を見れば分かるように、ワーク・キャリアはライフ・キャリアの一部でしかなく、従ってこの両者は「対立関係」ではなく「包含関係」である。つまり、イメージとしては下図左側の天秤の関係ではなく下図右側のような二重円の関係になるのではないか。

図４－２　本来のＷＬＢ概念図

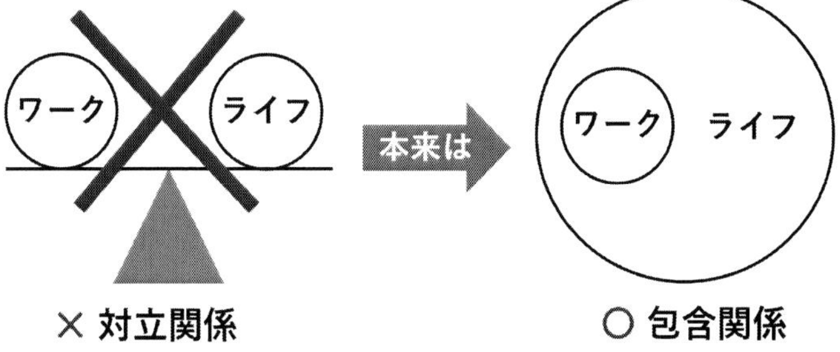

× 対立関係　　　　　　　　　　○ 包含関係

もし天秤のイメージで捉えるのであれば、ライフと書いてある要素は、仕事を除いたその他の人生の要素としなければ「仕事ばかりしていないで自分の人生をもっと充実させましょう」という意味にはならない。そして本来の包含関係にあるワークとライフの間でバランスを考えるのだとすれば、ある時点におけるライフ内でのワークの占める割合を考えるということになるので、下図のような二重円の比率の変化というイメージになるだろう。

図4−3　包含関係にあるWLBの変化

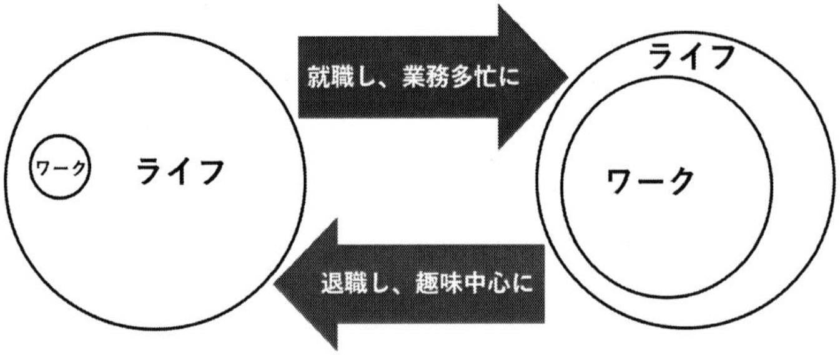

　改めて先のライフ・キャリア・レインボーの図をイメージして頂くと分かり易いと思うが、就職して職業人としてのワーク・キャリアが生じるまでは、ライフに占めるワークは殆どなく、せいぜい学生時代のアルバイトや親のお手伝い程度であろう（上図の左側）。しかし就職して職業人としてのワーク・キャリアが始まり、やがて組織内での地位も高まってくるとライフの殆どをワークが占めるようなバランスになることもあろう（上図の右側）。そして退職して職業人を引退すると、再びライフに占めるワークの比率は小さくなるか無くなってしまう事が多いであろう（上図の左側）。

　この包含関係での両者のバランス、つまりライフに占めるワークの割合こそが、本来ワーク・ライフ・バランスと呼ぶべきイメージではないだろうか。さらに言うならば、ワークよりもライフの方が上位概念であるので、並びを逆にしてライフ・ワーク・バランス（LWB）と呼ぶべきかも知れない。にもかかわらず言葉としてワークが先にあるのは、それだけ我が国においては個人の人生よりも組織の仕事を優先する価値観が一般化し、それ故にいわゆるワーカホリック（仕事中毒）が社会問題化しているのかも知れない。

　では一体、このバランスはどのようであるべきなのか。一般的にバランスと称している時点で「均衡（バランス）を取るべきだ」という無言の圧力が感じられる。つまり、**あたかも「両者が等価で常に均衡している状況が理想」であるかのように思われるかも知れないが、果たしてそうだろうか。**

　ここはやはりライフ・キャリア・レインボーの図に立ち戻って考えてみよう。この図を見れば、労働者（職業人）としてのワーク・キャリアはいずれ退職によって終わるが、その後も個人の人生は続いていくことが分かる。この退職後の人生に責任を負えるのは当事者本人のみであって所属組織ではないことは明らかである。よって、理想のバランスは画一的に存在する訳でも組織によって一意に決まる訳でもない。理想のバランスは当事者毎に異なり、またその当事者の人生の局面（ライフ・ステージ）によって変化するものである。

　そうであるからこそ、先ずは当事者本人が自分のライフ・キャリアをしっかり意識し、それを踏まえて現在の職業や仕事に向き合ってワーク・キャリアの理想的な割合を考えていくべきなのである。退職後も自営などして現在同様の仕事を続けていくつもりなのか、それとも退職後は趣味や副業など現在の仕事とは全く違うことを中

心とした人生を送るつもりなのかによっても、退職までのワーク・キャリアを含めたキャリアの積み方も異なってくるからである。

そして組織も同様に当事者本人の退職後のライフ・プランを尊重しながら、その当事者本人と組織の双方にとって折り合いのつくワーク・キャリアの与え方をしていくべきであろう。何故なら、組織としても当事者本人が退職後のライフ・プランを全く考えないまま退職して生きがいを喪失し廃人の様になってしまうことは避けたいだろうし、できれば組織のOB／OGとして退職後も生き生きと人生を謳歌してもらいたいであろうからである。

結論としては「**理想のバランスは個々人のライフ・プランによって異なる**」ということである。同じ55歳でも、退職後も同様の仕事を続けたいAさんと、現在の仕事と全く関係のない趣味中心の生活を計画しているBさんとでは、理想のバランスは異なるだろう。Aさんにとっては退職直前までワーク中心のライフが理想のバランスかも知れないし、Bさんにとっては退職に向けてはライフにおけるワークの割合を徐々に下げていった方が理想のバランスに近いかも知れない。勿論、加重労働による疾病罹患や過労死は本人や組織にとっては勿論のこと社会全体にとっても損失となるので避けねばならないのは言うまでもない。そしてAさんのように「現役引退後も同様の仕事を続けたい」のであれば、組織を退職してもフリーランスや自営業として同様の仕事を続けようとするだろう。また生涯を通してその仕事を続けたいのであれば、働ける限りワーク中心のライフが理想的なバランスになるだろうし、そのような仕事を見つけられたら、それはまさに天職あるいは「ライフ・ワーク」と呼ぶに相応しいのかも知れない。

第2節　スキルとキャリアの違い

スキルズ・インベントリとキャリア・プランニング

　前節では「キャリア」について述べたが、ここでは「スキル」についても述べ、その違いについて触れたい。「スキル」は、辞書（Weblio英和辞典）によると次の様に定義されているので、人事労務分野で使われる言葉である「職務遂行能力」と同等と考えてよいだろう。

　【skill】…手腕、腕前、技量、技能、技術　⇒　職務遂行能力

　日本の組織の場合、「経理部門は1人余剰、人事部門は1人不足」なら経理部門から人事部門に1人異動させるだろうが、スキル（職務能力遂行能力）中心主義の欧米なら、経理部門からは1人解雇し、人事部門は1人採用するだろう。何故なら経理マンは自らの「経理スキル」がその組織で生かせないなら他の組織で生かした方が自分に有利なので転職するだろうし、また人事マンとして新たに採用される人は「人事スキル」を有していることが条件となるだろう。

> ## スキルの価値は、現時点のみだが、
> ## キャリアは過去も将来も価値がある

　「スキル」は「キャリア」よりも古くから人事管理や労務管理の分野で使われてきたので、雇用者側にも労働者側にも馴染みがある言葉である。しかしキャリアは「以前に経験したキャリア」は過去の経歴としての意味があり「これから積みたいキャリア」も、その人の成長の方向性（志向性）としての意味があるのに対し、スキル

は「今現在、何が出来るのか」を示すものなので「以前保有していたスキル」や「これから獲得したいスキル」には余り意味がない。

　一般的に、何らかの仕事を想定した際、その仕事をするために必要となる能力を有している人材が居れば「彼（または彼女）はその仕事をするために必要なスキル（職務遂行能力）を有している」というだろう。もし与える仕事に必要なスキルを当該構成員が有していない場合や、業務上で新しい設備やシステムを導入する場合、組織は当該構成員にそのスキルを教育訓練して身に付けさせる責務が生じる。従って組織は“適材適所”を目指して効率の良い人員配置をするために、全構成員に対して、個々の職務遂行能力の洗い出しを意味する「スキルズ・インベントリ」を実施することがある。

スキルは組織側主導の訓練によって身に付けられるが　キャリアは本人の自発的な意識無くして構築できない

　一方、組織が教育や訓練で身に付けさせることが出来るスキルとは違い、キャリアは組織主導で構築することはできない。「キャリア自律」という言葉があるように、キャリアはあくまでも本人が自発的に意識しない限り、結果としての職務経歴（過去キャリア）が残るだけである。本人が将来に向けた自らの成長の方向性として「これから積みたいキャリア」を計画するキャリア・プランニングという言葉はあるが、スキル・プランニングという言葉は無い。何故ならスキルは組織が構成員に現時点で何が出来るか洗い出し（インベントリ）するものであり、キャリアは本人が自分は今後何をしたいか計画（プランニング）するものだからである。

HRM（ヒューマン・リソース・マネジメント）と
TM（タレント・マネジメント）の違い

スキルの起点は「仕事」である。組織が構成員に対して職務遂行能力の洗い出しを意味する「スキルズ・インベントリ」を実施する場合の主目的は、経営幹部や人事部門スタッフが、組織として必要な仕事に誰を配置するかという HRM（ヒューマン・リソース・マネジメント：人的資源管理）の一環である。つまり **HRM は組織内の仕事に対して様々なスキルを持つヒト（HR：ヒューマン・リソース）をどのように当てはめていくべきか、という発想**なのである。

HRM と TM は手法の違いではなく、起点や発想の違い

スキルの起点が「仕事」なのに対しキャリアの起点は「ヒト」である。組織が構成員に対して、自身の役割計画を意味する「キャリア・プランニング」を実施する場合の主目的は、構成員一人ひとりが潜在的に持っている才能（タレント）を今後の仕事に生かそうとする TM（タレント・マネジメント）の一環である。つまり **TM は自組織内の人材が顕在的潜在的に有している才能をどう生かして組織運営を行っていくか、という発想**なのである。

従来から人事部門のミッションとされてきた HRM と、最近になって盛んに提唱されている TM は、用いる手法や施策面（How to）に注目すると大きな違いはない。そこで、多くの人は単に「昔は HRM と称していたが、最近は TM と呼ぶのだろう」などと、単なる言葉の流行り廃りだと思うかも知れない。

しかし、視点を手法や施策面（How to）から目的や理由（What 、Why）などの本質面に移してみると、その大きな違いが見えてくる。

前者は仕事起点のスキル発想、後者はヒト起点のキャリア発想と真逆である。同時に従来は HRM の道具として使ってきた手法でも TM を実現する目的で利用できることに気付くだろう。そして、さらにその本質面の違いがどのような時代背景によってもたらされたかを知ることで様々な応用も可能となる。

　従来の日本の高度成長期のように欧米先進国をキャッチアップすれば良い局面であれば事業として何をすればよいか（What）は既知で明確、あとはどれだけ生産性を高めて迅速に効率よくその事業を運営できるか（How to）が課題である。その場合は HRM を行うのが自然であろう。しかし、欧米先進国に追いつきキャッチアップすべき先行事例がなくなってしまった現代においては、どんな事業を行うべきか（What）という点から模索しなければならない。そういう局面での一つの戦略として、自らの組織が保有している経営資源であるヒトに着目し、彼らが顕在的潜在的に有している才能（タレント）を生かして新しい事業を創造し試行錯誤を試みようという TM の発想が生まれてきたという時代背景がある。

HRM と TM は局面によって使い分けるべき

　従って組織によって、また同一組織であっても対象事業や業務によって、HRM と TM は使い分けるべきである。現在どの業界も未来の成長事業となり得る新規事業開発の必要に迫られており、こうした業務（新規事業開発）に従事する要員アサインはどうするかという今日的課題に対して、TM はまさに有効だろう。しかし、逆にまだ組織自体のマーケットポジションがフォロワーである場合の要員アサイン、あるいは伝統的な事業や業務の要員アサインなら、TM

より HRM を行う方が相応しいだろう。「HRM は古いからダメで、新しい TM が良い」ではなく、状況や目的によって異なる。

　そして TM がヒト起点である以上、フィールドは自組織内に留まらない。もしそのタレントを生かす場が自組織内にないのであれば、同一企業グループ内の別企業や、それも超えて全く違う組織に「出向」させることも一つの手段として考えるべきであろう。「出向」とは、現在の組織に籍を置きながら別の組織に勤務するという二重の雇用形態であり、一定期間を経て原籍に復帰することが前提となる。この「出向」という手法を使うことによって、将来的な組織間の業務提携や新規事業領域の開発等も可能になる。真の TM であればそこまで考えるべきではなかろうか。

TM は自律型人材育成の手段にもなる

　そして TM は、組織の構成員一人ひとりが潜在的に持っている才能や将来積みたいキャリアを自覚させ、そのキャリア形成を自発的に実現していくように仕向けるものであり、**これはある意味で「自律型人材育成」の一環にもなる**。最近、経営幹部から「上司の指示を待つのではなく、自ら考え挑戦する人材が欲しい」などの声を聴くが、そうであるなら組織は TM の導入、そしてその前提として構成員にキャリア・プランニングをさせることが自律型人材の育成に繋がるものと認識してもらいたい。

キャリア・プランニングとキャリア・マネジメントの関係

　キャリアはスキルとは違って本人の自覚がなくては始まらない。本人がキャリア自律しないまま組織に隷属していては、組織の都合に沿ったスキルは獲得できても自身にとって望ましいキャリア形成ができるとは限らない。また高度成長時代には有効だった「終身雇用」「年功制」「企業内組合」を三種の神器とする従来の日本的経営は行き詰まりを見せており、組織としても終身雇用などは約束できない状況であり、いつまでも組織にしがみつかれても困るだろう。

> # 本人は自身のキャリア・プランニングを行い、
> # 組織は構成員のキャリア・マネジメントを行う

　そうなると組織もキャリア形成を自発的に実現する「自律型人材の育成」を進めざるを得なくなる。組織の都合によって教育された通りのスキルを積ませるだけでは「指示待ち族」の集団になってしまうからである。そこで組織は構成員に対してキャリア・プランニングをさせる機会を提供することが有効である。構成員に自らの都合や希望で自身のキャリアをプランニングさせることによって、組織はそれらを汲み取って組織の都合と調整しなければならなくなる。これが「キャリア・マネジメント」である。つまり構成員が自ら行うのがキャリア・プランニングであり、それを受けて組織が行うのがキャリア・マネジメントである。このキャリア・マネジメントは、本人のキャリアを生かすことをベースにするものであり、必然的にHRMではなくTMの一環となる。

第3節　中小企業におけるキャリア施策

まずは「相談窓口」の設置から

　組織としてキャリア施策を実施する場合、前述のように構成員個々に自身のキャリアを自覚させ、自発的にキャリア形成をしてもらうことになる。その際には、自身の過去のキャリア（業務経歴）を確認すると共に、将来積みたいキャリアをイメージしてプランニングする事になるが、これを本人だけで行うのはなかなか難しい。また、将来積みたいキャリアが現業務の範囲内とは限らないので職場の上司に相談する事もはばかれる。そこで、中小企業のキャリア施策の第一歩としては「キャリア相談窓口」を設ける事が望ましい。

中小企業のキャリア施策は相談窓口の設置から

　特に中小企業の場合は人事部門がない場合や部門があってもキャリアに関する専門スタッフが居ない場合もある。また専門スタッフが居たとしても必ずしも組織内の人間に相談することが望ましいとも限らない。コンプライアンスやハラスメントなどの相談窓口もそうだが、こうした窓口は、組織の経営層や上司、同僚などに知られずに相談できる事が担保されていないと機能し難い。従って、これらの要件を満たすには外部の専門業者と契約して窓口運営をしてもらう事が妥当である。勿論、その専門業者にはキャリアコンサルタントやキャリアコンサルティング技能士など、職業的な守秘義務を負う国家資格を保有する専門家が複数在籍していることが望ましい。

　最近は、組織内にコンプライアンスやハラスメントなどの相談窓口を設置することが多いが、これらは組織内でコンプライアンス違

反やハラスメント問題を起こした際、それが当局やマスコミなどの外部機関に漏れて表沙汰になることを未然に防ぐという組織防衛的なネガティブな意味合いが強い。それに対してキャリア相談窓口は、純粋に構成員にキャリア自律を促すというポジティブな目的で設置されるものである。しかし、こうした窓口が機能するためには、窓口に相談したことやその相談内容が部門上司など組織内に知られて本人が不利益を被らないようにする事、そしてそうした事が組織内で信用されなければならない点は同じであり、守秘義務が遵守されることに関しても組織内にしっかりアナウンスしておくべきである。

相談窓口はコンプラ等と同じで守秘義務遵守が条件

　キャリア相談窓口の担当者としては、客観的かつ中立な立場での助言が期待できる点や組織内への情報漏洩リスクにおいては外部の専門家が望ましいが、組織事情や業務実態や人事制度等を踏まえた相談は組織内スタッフの方が向いており一長一短ある。従って、組織内外の窓口を両方設置し利用者が選択できる体制がベストである。

　最初のうちは往々にして殆ど相談がないケースが多いと思われるので、外部の専門業者を利用する際は、相談が全くない場合は特定の部門を指定して全員面談をさせるか無作為に複数人への面談を実施するなど、呼び水的な施策も付帯した契約としておくべきであろう。また社内 Web や社内報などに窓口へのアクセス方法を常時掲載するなどの社内広報活動も行うべきである。要は「組織として本気で取り組んでいる」という姿勢を構成員に示すことが重要である。

キャリア研修・教育

　スキルは組織が教育訓練して身に付けさせることが出来るのに対し、キャリアは本人が自らの過去の経歴を踏まえて将来を計画するものであると前述した。だからといってキャリアについて組織が行える研修や教育がないわけではない。キャリアはスキルのように何らかの知識を教えるティーチングのような教育訓練によって身に付けさせることは出来ないが、本人に自らの過去のキャリアを確認させると共に将来のキャリア形成について意識させることは有効であるので、コーチングのような研修や教育はむしろ積極的に行うべきである。

組織としてキャリアの研修や教育は積極的に行うべき

　但し、これらの研修や教育を行うには、講師にはキャリア理論等に関する専門知識や知見が必要であること、受講者は現在の担当業務課題等に囚われずに自らのキャリアを考える必要があることなどを考えると、講師役を含めた研修の運営は専門業者に委託する方が効果的である。特に実施する場所は重要であり、キャリアに関する研修や教育はこれまでの仕事を俯瞰する必要がある点からしても、組織内のスペースで行うのではなく、キャリア窓口業務同様に専門業者の管理するスペースで実施することが望ましい。

　また対象者の選別やクラス分けについては、通常の階層別研修等では組織上で与えられた役職や職級に分けて行う方が効果的だが、キャリアに関する研修や教育に関しては、部門や役職や職級別にするのではなく、同じ年齢の者を同一クラスとし、異なった役職や職級の者も混在させるべきである。これはキャリアの最終地点が役職

や職級に関係なく定年という年齢で区切られているからである。一般的に実施されている新人研修と定年説明会は、どちらも初年次と定年直前での「キャリア研修」であると位置づけることができる。

図４－４　キャリア研修・教育のイメージ

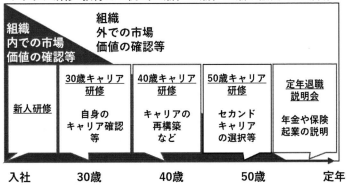

キャリア研修・教育の一例（30歳、40歳、50歳に設定した場合）

組織内での市場価値の確認等

組織外での市場価値の確認等

新人研修

30歳キャリア研修
自身のキャリア確認等

40歳キャリア研修
キャリアの再構築など

50歳キャリア研修
セカンドキャリアの選択等

定年退職説明会
年金や保険起業の説明

入社　　30歳　　40歳　　50歳　　定年

そして、こうした一連の施策に対して組織の構成員に対して余計な不信感を抱かせないことが何より肝心である。特にキャリア研修や教育を実施する際には、中高年層だけを対象として実施すると、新しい事にチャレンジできеなくなり定年が近くなった中高年人員を一掃したい意図があるのではないか、つまり「体のいい早期退職勧奨ではないか」と思われてしまうからだ。従ってキャリア研修や教育を実施する際は、仮に定年が60歳だとした場合は50代のみならず30代や40代も対象とし、新人研修から退職説明会までを同じキャリア教育の一環であると説明して一斉に実施すべきである。

　そしてその際は、研修や教育の内容を年代によって変えればよい。例えば30歳対象の研修なら、入社10年ほど経って自らのキャリアを確認して再構築して組織内活躍を目的とするプログラムとする。また40歳や45歳が対象の研修なら、これまでのキャリアの延長線上に今後のキャリアを積んでいくのか別のキャリア（セカンド・キャリア）にチャレンジするのかといった"キャリアチェンジの選択"を目的とする。また50歳対象の研修ならこれまで積んできたキャリアが組織外の労働市場でどの程度の価値があるかという"外部視点も踏まえたキャリアの見直し"を目的とする、などである。

> # スポットのみならず昇任時研修へのキャリア教育やキャリア関連資格取得の奨励や教育補助等も視野に

　こうした研修を定期的に受講することは、組織全体のキャリアに関する知識や理解、言うならば組織全体のキャリア・リテラシーを高めるためにとても有効である。組織の構成員一人ひとりが自らのキャリアに対して関心を持つことも大切だが、管理監督職層がキャリアを意識した部下育成が出来れば、組織運営上も好ましい。そこで上記のようなキャリア研修をスポット的に行うのとは別に、従来から定期的に実施されているであろう管理者教育や昇格昇進時の新任管理職研修等にキャリア理論のカリキュラムを盛り込む事も有効な手段である。

　また教育等に専門のスタッフ等の資源を割けない中小企業の場合は、研修や教育という形を取らなくても、キャリアコンサルタント等の資格取得の奨励（合格祝金の設置）や通信教育等の補助（修了時に受講費用支給等の制度化）も、組織におけるキャリア・リテラ

シーを高めるためにはとても有効な施策になり得る。

キャリア施策上の留意事項

　組織においてキャリア施策を行うには、組織にある種の覚悟が求められる。その覚悟とは「寝た子を起こす」事である。つまり、従来なら組織の構成員は「（黙って組織の）言う事を聞く」その代わりに組織は「（最後まで構成員の）面倒を見る」という相互依存関係が成立しており、いわば「民は之に由らしむべし、之を知らしむべからず」という封建社会に似た構図だった。しかし日本経済は高度成長期を終え、企業も「終身雇用」は事実上不可能となった以上、逆に「民は之に知らしむべし、之を由らしむべからず」となり、組織に隷属することなく自身のキャリアを自己責任で形成していける「自律型人材」を育成していく覚悟が求められるのである。

大企業にはない中小企業の強みを活かした魅力作りを

　具体的には、組織内のみならず外部労働市場における自身の価値を知ることで場合によっては優秀な人材の流出もある程度は覚悟しなければならないだろう。そうした事態を防ぐためには、給与水準や職場魅力度、従業員満足度を常にウォッチして改善していく努力が必要とされる。一般的に中小企業は給与等の待遇面では大企業には及ばないことが多いだろう。しかし中小企業には大企業にはない強みもある。任用制度の柔軟な運用により、大企業では経験できないような大きな役割を若いうちに担わせることも可能であろうし、経営トップと現場の距離感の近さや管理監督層が一人ひとりをきめ細やかにフォローすることもできるはずである。所属員にとって魅

力となり得る点を探し、自らの組織ならではの強みを生かしたキャリア施策にすべきである。

参考文献

1. 西郷正宏　(2014)．「これからの日本におけるキャリアデザイン」経営管理研究「第 4 号」　日本経営管理学会
2. 渡部昌平　(2022)．「キャリア理論家・心理学者 77 人の人物で学ぶキャリア理論」　初版　福村出版

第5章　人と企業の活力をうみだす賃金制度

第1節　わが国賃金・報酬制度の現状と課題

　本章は3節からなる。第1節は賃金の概要と今日的な課題、第2節は今日的課題の一部を変革する目的で実施されている「働き方改革」について、第3節は人と企業がともに活力を生みだすための賃金制度について筆者の見解を述べている。

1．賃金とはなにか

（1）賃金の定義

　労働者が労働を提供することによって受け取る報酬。労働力の価値を貨幣で表したもの（広辞苑第6版）。労働基準法（以下、労基法）第11条によれば、「賃金とは、賃金、給料、手当、賞与その他名称の如何を問わず労働の対償として使用者が労働者に支払う全てのものをいう」と定義されており、退職金はその支給が就業規則その他で明白に定められている場合は賃金に該当する。

　賃金は労働者にとって生活の糧であり、世帯を形成し次世代を育むための、ほとんど唯一の原資（もとで）である。

（2）賃金水準はどの様に決まるのか

　賃金水準は、①労働の対価性、②生活保障（生計費水準）、③市場価格（需給関係）の三条件で決まるといわれているが、企業の支払

能力を超えてこの三条件を全面的に採用することはできない（一時的対応は可能だが、収益への圧迫が続くと企業体質を棄損する）。

　一方、賃金の最低限度を定めた最低賃金法（第3条）では、最低賃金の原則として、①労働者の生計費、②類似の労働者の賃金、③通常の事業の賃金支払い能力、を考慮して定められなければならないとされている。

（3）労働者の何に対して賃金を支払うのか

　賃金は、支払う側からすると「費用」であり、受け取る側からすると「給付」または「報酬」である。

　賃金は労働者（従業員）の「何」に対して支払うものかを決めることは、賃金制度・体系を作る上で極めて重要な意味を持つ。

　2000年以降、「人的資本」という考え方が世界的に注目され、日本においても「人的資本経営」という経営の在り方が提唱されている。個人が持つ知識・技能・能力・資質などが、企業にとって付加価値の源泉となり得る「資本」ととらえ、この「資本」に「投資」することで持続的な企業価値向上を図ろうとする考えであり、従来の「賃金」＝「費用」とする考え方とは一線を画すものである。

（4）人事労務管理から見た賃金の性格

　代表的なモチベーション理論である「動機付け・衛生理論」（ハーズバーグ）では、賃金は「衛生要因」とされる。賃金の額が他者よりも少ないと不満を抱きやすいが、高額となったとしても金額の上昇と比例して満足度が高まるものでもないと説明されている。

図表5-1　動機付け要因と衛生要因

主な動機付け要因 （仕事に対する満足をもたらす要因）	主な衛生要因 （仕事に対して不満をもたらす要因）
●仕事の達成感、責任範囲の拡大、能力向上や自己成長、チャレンジングな仕事	●会社の方針、管理方法、労働環境、作業条件（賃金・時間・身分）
●動機付け要因を与えることにより、満足を高め、モチベーションを向上させることができる。	●衛生要因に対して手を打つことにより、不満は解消されるが、そのことが満足感やモチベーションを高めるとは限らない。

出所：筆者作成

　従業員にとっては、所属企業の付加価値の配分や個別貢献度の反映の結果として、個別賃金が決定するので、企業の平均的な賃金水準や個別賃金を高くしようとするメッセージは、動機付け要因になると筆者は考えている。

2．日本における賃金の現状

（1）賃金項目から見た分類と統計

　賃金は定例給与（毎月支給される賃金）と臨時給与（夏季・年末一時金）に区分される。定例給与は、所定時間内賃金と所定時間外賃金に分類され、所定時間内賃金は基本給・諸手当（生活補助給・その他）から構成される。退職金は退職時に確定する一時金または年金であり、労働費用ではあるが賃金には含めることはあまりない。ただし、生涯年収といった場合は退職金も含める場合がある。退職金は勤続35年大卒の支給平均額で25百万円の調査結果となっており（厚生労働省（以下、厚労相）就労条件総合調査2007年）、生涯年収を算出する際には大きな格差要因となる。また、教育訓練に要

する費用も「教育訓練費」として費用計上されるが、現金給与には含まれない。

図表5-2　賃金の分類（例）

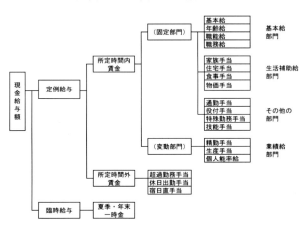

出所：中小企業の賃金事情（東京都産業労働局）

（2）支払側から見た人件費（労働費用）としての分類と割合

　支払う側である企業から見た賃金は、経営上は費用であり人件費（労務費）管理の対象となる。人件費は、労働者へ直接支払われる現金給与、現金給与以外の労働費用として、法定福利費（社会保険料会社負担分）、法定外福利厚生費、現物給与、退職給付費、教育訓練費、募集費等が含まれる。

図表 5-3　労働費用の分類と構成比率

大分類	中分類		小分類	金額（円）	労働費用総額を100とした時の率(%)
労働費用総額				408,140	100.0
	現金給与額			334,845	82.0
			毎月決まって支給する給与	273,117	66.9
			賞与・期末手当	61,728	15.1
	現金給与以外の労働費用			73,296	18.0
			法定福利費	50,283	12.3
			法定外福利費	4,882	1.2
			現物給与の費用	481	0.1
			退職給付等の費用	15,955	3.9
			教育訓練費	670	0.2
			募集費	718	0.2
			その他の労働費用	306	0.1

出所：2021 年度度就労条件総合調査より筆者作成

（3）基本給の決定要素と構成割合

　賃金の構成要素のうち、賃金の中核となり定例給与額の相当割合を占めるものを「基本給」という。

　月例賃金に占める基本給の割合は 94.7 ％を占め（モデル賃金・年収と昇給・賞与（労務行政研究所 2019 年）、その企業の給与月額の大半を占める。そのため基本給をどのように設定し賃金体系を構築するかということは、きわめて重要な経営課題といえる。

　就労条件総合調査（厚労省）によると、基本給は「職務・職種など仕事の内容」「職務遂行能力」「業績成果・学歴、年齢、勤続年数など」の諸要素に基づき決定されているが、2001 年から 2017 年の間に、調査産業計（規模計）で「職務・職種など仕事の内容」の割合が上昇し、「職務遂行能力」「業績・成果」「学歴・年齢・勤続年数など」による割合が低下している（図表 5-4 参照）。

図表 5-4　基本給の決定要素

産業・企業規模	全企業	基本給の決定要素（複数回答）					
		職務・職種など仕事の内容	職務遂行能力	業績・成果	学歴、年齢、勤続年数など	学歴	年齢・勤続年数など
管 理 職							
2017年　　調査産業計（規模計）	100.0	77.4	64.9	40.0	61.5	21.1	60.1
2001年　　同　　　　　　上	100.0	72.8	79.7	64.2	73.9	31.8	72.5
増　　　　　　減	0.0	4.6	▲ 14.8	▲ 24.2	▲ 12.4	▲ 10.7	▲ 12.4
管 理 職 以 外							
2017年　　調査産業計（規模計）	100.0	74.1	62.8	39.0	69.0	26.8	67.1
2001年　　同　　　　　　上	100.0	70.6	77.3	62.3	80.6	34.2	79.0
増　　　　　　減	0.0	3.5	▲ 14.5	▲ 23.3	▲ 11.6	▲ 7.4	▲ 11.9
2017年　　　　100 ～ 299 人	100.0	76.2	68.3	45.0	63.7	25.1	61.1
2001年　　同　　　　　　上	100.0	69.9	64.1	42.4	70.3	31.1	67.6
増　　　　　　減	0.0	6.3	4.2	2.6	▲ 6.6	▲ 6.0	▲ 6.5

出所：就労条件総合調査（2001 年、2017 年）より筆者作成

」

3．わが国賃金の特徴と課題

（1）特徴（統計上の格差）

　賃金は、学歴別、企業規模別、業種別、正規・非正規別、地域別に、その水準に差異（いわゆる格差）が存在する。

①学歴・年齢による賃金格差

　図表 5-5 にある通り、学歴・年齢（勤続年数）により賃金に差が生じている。20～24 歳を 100 として、50～54 歳で高卒女 170・男 213、大卒女 211・男 248、院卒女 224・男 257 と、同性でも学歴により差が生じている。

図表５-５　学歴別賃金格差指数（男女別、千円）

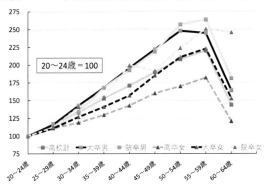

出所：厚生労働省　賃金構造基本統計調査（2020 年）

②企業規模別の賃金格差

　1,000 人以上を 100 とすると、100〜999 人では男 88（377.1 千円：331.7 千円）女 95（266.4 千円：253.1 千円）、10〜99 人では男 80（377.1 千円：302.4 千円）女 87（266.4 千円：232.9 千円）。男女とも企業規模の大きい方が賃金は高くなっている。

図表５-６　企業規模別の賃金格差（月例給与、男女別）

（単位：千円）

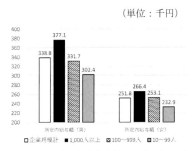

出所：厚労省　賃金構造基本統計調査（2020 年）

③産業別の賃金格差

　金融保険業で高く、運輸・郵便業と宿泊業・飲食サービス業で低い。金融保険業を100（479.2千円）とすると宿泊業・飲食サービス業は58（278.2千円）。

　　図表5-7　産業別の賃金水準（所定内給与、男子、千円）

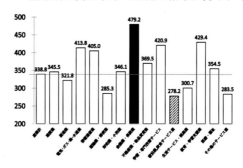

　　　　　　　出所：厚労省　賃金構造基本統計調査（2020年）

④正規・非正規の格差

　正社員・職員以外は、男女とも正社員・職員の概ね7割の水準となっている。

　　図表5-8　一般労働者の正社員・職員と正社員・職員以外の格差

（単位：千円）

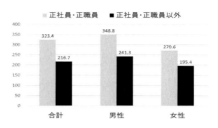

　　　　　　　出所：厚労省　賃金構造基本統計調査（2021年）

（2）課題

①低い生産性

　1990 年代に入り、バブル崩壊に起因する経済成長率の鈍化以降、世界経済に占めるわが国の存在感は薄くなる一途である。この長期にわたる経済低迷を「失われた 20 年（あるいは 30 年）」などと呼ぶが、この間、わが国の賃金は、ほとんど上がらなくなったといわれていて、図表 5-9 のとおり、フルタイム労働者平均賃金でＯＥＣＤ加盟 35 カ国中の 22 位である。

図表 5-9　ＯＥＣＤ加盟国フルタイム労働者平均賃金

（購買力平価ベース、米ドル）

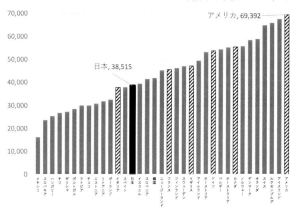

出所：ＯＥＣＤ　ＨＰより筆者作成

　賃金が上昇しなくなった原因に、わが国の低生産性を指摘する意見がある。日本の労働生産性の推移は以下のとおりであり、日本（黒丸）はアメリカ（四角）に大きく引き離されている。

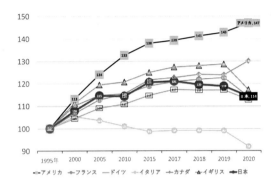

図表5-10 主要先進7カ国の労働生産性の推移（指数ベース）

資料出所：OECD

　バブル期（1986〜1991年）でも、図表5-11のとおり労働生産性はG7各国中最下位（太い折れ線）で、OECD加盟国中21位前後でまったく上昇していない。

図表5-11 OECD主要先進7カ国の時間当り労働生産性順位の推移

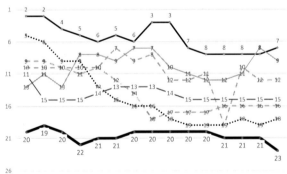

出所：日本生産性本部

②上昇しない賃金

　日本は賃金が上昇しないといわれるようになって久しい。

　1992年度を100として2020年度までおよそ30年間の名目ＧＤ
Ｐ・雇用者数・1人当たり名目雇用者報酬の推移を指数で見ると（図
表5-12）、2020年度では雇用者数で120と増加し、1人当たり名目
雇用者報酬は94と長期的に減少している。減少トレンドから上昇に
転じたのは2013年度以降である。

図表5-12 名目ＧＤＰ、1人当たり名目雇用者報酬の推移（指数）

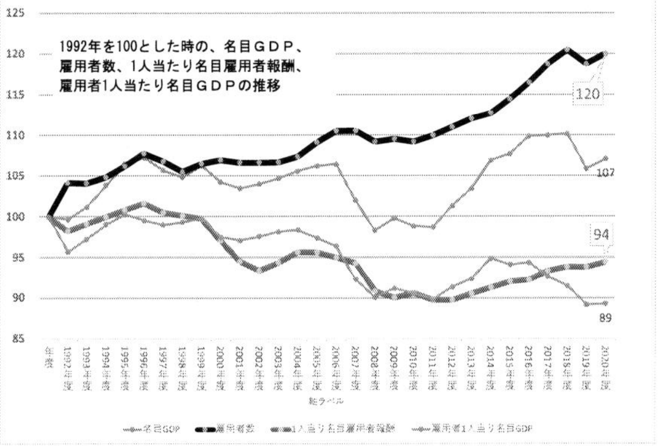

出所：内閣府 令和4年度年次経済財政報告、厚労省 労働力調査

　賃上げ率と物価上昇率（インフレ率）とは相関関係があり、長期
にわたって物価上昇率が低かったわが国は、賃上げ率も低い。賃金
上昇率は「インフレ率（物価上昇率）＋生産性向上分」が望ましい
といわれている。労働生産性が向上すれば生産性向上分が従業員の
分配原資となり得るので、賃金が上がりやすくなる。

　2005年以降の日本の物価上昇率（名目）、賃上げ率、名目ＧＤＰ

成長率は図表 5-13 の通りである。2019 年までの平均物価上昇率は
マイナス 0.07%、名目ＧＤＰ成長率 0.32% とほとんど横這いであり、
資本金 10 億円以上かつ従業員 1,000 人以上の労働組合のある大企業
358 社を対象とした厚労省民間主要企業春季賃上げ要求妥結状況で
は、主要企業の賃上げ率は 2014 年以降 2% を超えており、賃上げ率
が名目成長率を下回ったのは一度だけである。

　主要企業が 2% 台の賃上げ率を維持しているのに、巷間では賃金
は上昇していないと思われている。

図表 5-13 物価上昇率・賃上げ率・名目 GDP 成長率の推移 (%)

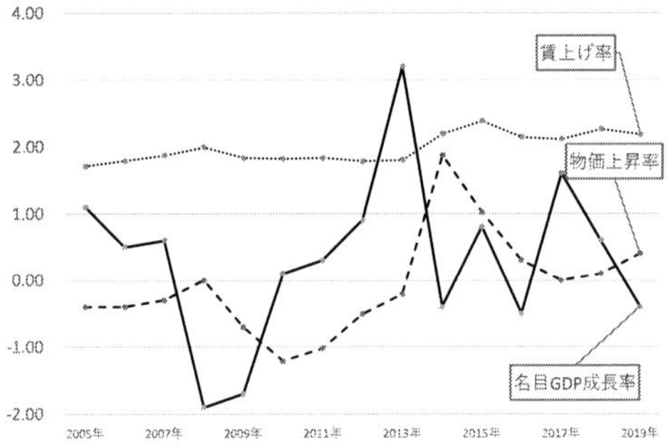

出所：総務省消費者物価指数(食料(酒類を除く)及びエネルギーを除く総合)、
　　　厚労省民間主要企業春季賃上げ要求妥結状況

　前掲図表 5-9〜13 の通り、日本の生産性が長期低迷を続け、1 人
当たり雇用者報酬が減少していることが、賃金が上がらない理由と
筆者は推察するが、この要因研究については諸論あり、「なぜ人手不
足なのに賃金が上がらないのか」(玄田有史編　慶応義塾大学出版
会) では、「需給」「行動」「制度」「規制」「正規・非正規」「能力開
発」「年齢」の 7 つのポイントから賃金が上昇しない原因を整理し、

「2000 年代終わり頃から、完全失業率は趨勢的な低下を続け、有効求人倍率が大きく上昇するようになっても、賃金が大きく増え始めたという声は、ほとんど聞こえてきません」と、原因究明にまで至っていない。

　数量政策学者　高橋洋一氏は「給料低いの　ぜーんぶ「日銀」のせい　（ワニブックス、2021 年）で、1990 年代以降 30 年マネタリーベース（中央銀行が供給する通貨）を日銀が増やしてこなかったことに起因すると喝破した。エコノミスト永濱利廣氏は「日本病」（講談社現代新書、2022 年）で、賃金が上がらない理由として、バブル崩壊後の緊縮財政長期化に加えて、①低労働分配率、②労働者の低流動性、③独特の雇用慣行を上げている。

　賃金が上がらないその他の要因として、①労働組合組織率の低下（労働組合基礎調査）、②非正規労働者比率の上昇（労働力調査）、③外国人労働者の増加 [（2008 年 48 万人が 2021 年 172 万人、約 3.6 倍に増加（外国人労働者の届け出状況）。この間の雇用者数の増加は全体で 518 万人）] が考えられる。①は分配の交渉力低下、②③については、低熟練労働力の増加による賃金の押し下げ圧力として作用している可能性があると推察する。

　わが国賃金統計上の主な格差について、格差（待遇差）が「不合理」なものならば、その解消には、労働法制等による規制的施策以外に助成支援施策と企業規模拡大を含む生産性向上施策による企業の支払い能力向上を通じて、企業の支払い能力を高めることが必要と思われる。

第2節　「働き方改革」と「同一労働同一賃金」のインパクト

1．働き方改革とは

（1）「働き方改革」の取り組み

　働き方改革は、労働三法制定以来およそ70年振りの大改革であり、「一億総活躍社会」の実現を目指し、少子化を解消しようとするものである。具体的には、長時間労働の是正と同一労働同一賃金の実現を目指し、10年間の工程表によってこれを実現しようとするものであり、強いインパクトを産業界に及ぼした。

（2）「働き方改革」関連法案実現までの流れ

　2017/3：働き方改革実行計画決定

　2018/4：有期雇用労働者の無期転換申込権発生（労働契約法）

　2018/7：働き方改革関連法案成立

　2018/12：同一労働同一賃金ガイドライン（厚労省告示430号）

　2019/4：時間外労働上限規制、年休の確実取得（労基法改正）

　2020/4：パート・有期労働法※1（中小企業を除く）、

　　　　　労働者派遣法※2 改正

　2021/4：パート・有期労働法全面適用

　※1. 正式名称：短時間労働者及び有期雇用労働者の雇用管理の改善等に関する法律

　※2. 正式名称：労働者派遣事業の適正な運営の確保及び派遣労働者の保護等に関する法律

2．同一労働同一賃金のめざすもの

　通常の労働者（正規労働者）と短時間・有期雇用労働者及び派遣労働者（非正規労働者）との間の「不合理と認められる待遇の相違の解消等の取り組み」を通じて、労働者がどのような雇用形態及び就業形態を選択しても納得できる待遇が受けられ、多様な働き方を

自由に選択できるようにし、わが国から「非正規」という言葉を一掃することが目的である（同一労働同一賃金ガイドライン：目的）。

3．実行内容

改革の実効性を確保するため、①法改正（パート・有期労働法、労働者派遣法等）、②訴訟判断の積み重ねによる不合理な待遇差となり得る基準の構築、③個別企業で取り組むための支援措置（取組手順書等ツール類提供、支援事業）が行われた。

（1）法改正（パート・有期労働法、労働者派遣法等）

それまで待遇（基本給・諸手当・賞与等）に差があっても当然と考えられていた正社員（通常の労働者）とパート等との労働条件差を、その差が不合理なものであれば待遇差を設けることを禁止し（パート・有期労働法 8 条、均衡待遇）、差別的取り扱いをしてはならない（同 9 条、均等待遇）ことになった。また、パート等を雇い入れたときなどには、事業主の説明義務が加わった（同 14 条 2 項）。

派遣労働者については、不合理な待遇差を解消するための方策として、①派遣先の通常の労働者との均等・均衡待遇（派遣先均等・均衡方式）、②一定の要件を満たす労使協定による待遇（労使協定方式）、のいずれかの待遇決定方式を選択することが義務化された（労使協定方式が主流となっている）。

（2）判例の積み重ねによる判断基準の納得性向上

法改正と前後して下された 5 つの最高裁判決（図表 5-13）では、同一労働同一賃金ガイドラインを踏まえた判断が織り込まれ、各賃金項目についてそれぞれ旧労働契約法 20 条違反の有無を検討し、通

勤・扶養・皆勤・作業・精勤・年末年始の諸手当については、同一企業内での待遇差が不合理であるとされたが、審理対象となったそれ以外の手当や賞与・退職金についての格差は不合理とはされていない（2022 年 10 月現在、基本給について、不合理性を「あり」とした最高裁判決はない）。

図表5-14 法改正前後に下された最高裁判決

判例	判決日	審理対象	不合理性
ハマキョウレックス（差戻審）事件	2018. 6. 1	住宅手当	×
		皆勤手当、無事故手当、作業手当、給食手当、通勤手当	あり
長澤運輸事件	2018. 6. 1	能率給、職務給	×
		精勤手当	あり
メトロコマース事件	2020. 10. 13	退職金	×
大阪医科薬科大学事件	2020. 10. 13	賞与	×
日本郵便事件	2020. 10. 15	年末年始手当	あり
		扶養手当	あり
		夏期・冬期休暇	あり

出所：筆者作成

（3）個別企業での不合理な待遇差解消のための支援措置

　個別企業での不合理な待遇差解消のための手順書等ツール類が提供され、自社で待遇差の点検・検討・改善に活用されている。代表的なものは①パートタイム・有期雇用労働法対応のための取組手順書、②不合理な待遇差解消のための点検・検討マニュアル、③職務評価を用いた基本給の点検・検討マニュアル、などが代表的なツールである（いずれも厚労省ＨＰよりダウンロード可能）。

　また、「中小企業・小規模事業者等に対する働き方改革推進支援事業」が全国社会保険労務士会連合会を中心に受託され支援活動が進められた。

（4）基本給の見直しは職務（役割）に着目
　日本の正社員処遇は「メンバーシップ型雇用」といわれ、従業員の職務遂行能力（職能）に着目して処遇する企業が多い。その一方、パートタイム有期雇用労働者は「職務」によって待遇が決定されることが多いことから、職務に着目し、職務評価（要素別点数法）を活用して、①職務の大きさを評価、②均等・均衡の状況把握（プロット化）、③基本給設定基準と職務等級・役割等級制度設計に応用することをすすめている（詳細は、「職務評価を用いた基本給の点検・検討マニュアル」参照、厚労省ＨＰよりダウンロード可能）。たいへん有用と思われるが、中小企業とりわけ小規模事業者の場合は内部専門スタッフが少ないため、社労士等外部専門家による支援を活用するのが③に取り組む近道である。

（5）取組の状況
　2020 年のパート・有期労働法施行時において、大企業はおおむね対応を終えていると思われるが、日本商工会議所「コロナ禍における雇用・就業面での対応等に関する調査」（2021 年 3 月、中小企業3,001 社対象）によれば、同一労働同一賃金への対応について、「対応の目途が付いている」と回答した企業の割合は、中小企業に対する施行（2021 年 4 月）を目前に控えた時期においても 5 割程度（56.2%）にとどまっている。
　日本の法人は 270 万社を超える（国税庁、2019 年）が、その大半

は中小・小規模事業者のため相当数の法人が取り組み途中にあるものと推察され、最新の調査結果が待たれるところである。

第3節　人と企業の活力を生みだす賃金・報酬制度

1．人と企業の活力を生みだす賃金とは何か

　第3節では、衛生要因に分類される賃金が、どの様な特徴を持てば人と企業にとって「活力を生みだす」要素となることができるかについて私見を述べている。

　労働者は賃金に敏感である。労働移動の活発な業種・職種では、賃金水準に不満があるとすぐに転職してしまう。転職サイトやＳＮＳを活用してより良い条件の求人情報を入手し、条件の良さそうな組織に移動してしまう。

　動機付け・衛生理論によれば賃金は衛生要因であるとされ、賃金が低いと仕事に対して不満をもたらすが、この不満を解消してもそれによって満足感・モチベーションを高めるとは限らないとされている。しかしながら、高い賃金を得てよい暮らしをしたいという欲求は立派な動機付けとなり得るし、達成時の満足度も高まる。ところが、一旦高い賃金を得てしまうと、その賃金が下がると不満を覚え、客観的に明らかに高い賃金であっても、その賃金水準自体が仕事の動機付けにはならず、満足度も低下しやすいという、やっかいな性質を賃金は持っている。

　本節では、賃金とモチベーション理論とを結びつけることが必要と考え、「賃金」それ自体の持つモチベーション側面を紐付けすることを試みた。

　「動機付け・衛生理論」とマズローの「欲求5段階説」の両理論は

親和性が高く、両理論の延長線上に賃金のモチベーション側面を対応させたのが図表 5-15　モチベーション理論と活力を生みだす賃金である。

　「活力を生みだす賃金」は以下の通り 7 段階で、①から⑦に向かってモチベーション側面が高くなってゆく。

　①「食える」賃金水準
　②何に対して賃金を支払うかが明確である
　③2〜3年後の自分が見える
　④賃金水準が世間相場に達するかまたは上回っている
　⑤仕事の役割とその大きさ・難易度が適正に反映される
　⑥組織と個人の高い生産性が評価される
　⑦水準設定と評価に自分が関与できる

図表 5-15 モチベーション理論と活力を生みだす賃金

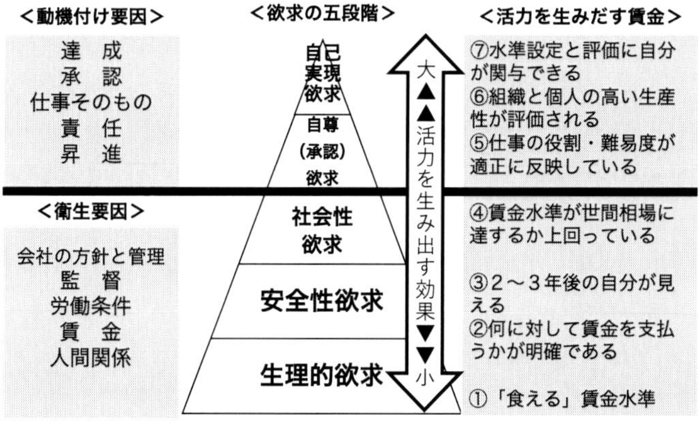

出所：筆者作成

２．人と企業の活力を生みだす賃金

（１）いわゆる「食える」賃金水準であること

「食える」賃金とは、毎月得ている賃金で自分（あるいは家族の生計費も含む）の生計費が賄えている賃金水準であることをいう。

生計費とは生活費のことだが、生活を維持するのに必要な費用である。社会人となり、経験を積み、仕事に取り組む能力が蓄積されると、その人の労働能力は高く評価されるようになる。それに連れて生計費水準も高くなる。

賃金設定で用いられる「生計費」は、大きく「標準生計費」「愉楽生計費」「最低生計費」の３つに区分される。

「標準生計費」とは、人事院が毎年４月に作成している標準生計費がベースとなるが、人事院の生計費は消費支出のみであるため、税・社会保険料の非消費支出を加味して求めることとなる、そのためのデータとして総務省が作成する「家計調査」を用いる。

標準生計費の５割増し水準を「愉楽生計費」とする。標準生計費が５割アップした段階から支出内容が大きく変化し雑費が増えていくことが欧米日の生計費解析からいわれており、この水準から愉楽的生活（楽しい生活）が可能となる水準といわれている。

「最低生計費」とは、標準生計費の８割水準の生計費であるとされ、おおむね諸外国でも採用されている考え方である。

これら各種生計費の算出方法については、「賃金決定のための物価と生計費資料」（労務行政研究所）を参照されたい。

未熟練労働力である新規学卒者の平均初任給（高卒ベース）　は18万6,930円である（東京都産業労働局　令和３年度版中小企業の賃金事情）。

物価と生計費資料(2022 年版)と、2022 年 11 月 1 日現在の最低賃金（全国 961 円と東京都 1,072 円）の時給比率を反映した 30 歳単身者（東京都）の標準生計費は月 171,565 円となるので、高卒初任給並の賃金水準しか支払えない企業には、優秀な人材が応募してくる可能性は極めて低い。食えない賃金ではヒトはやって来ない。

（2）何に対する対価なのかが明らかである

　「賃金とは、従業員に対する企業のメッセージである」、外資系賃金コンサル会社社長のことばが今でも記憶に残っている。企業から見た「賃金」の本質として反芻することがしばしばである。企業の人事責任者は、自社の賃金にはどのようなメッセージがこめられているか意識したことがあるだろうか。経営者・人事責任者として、「社員の何に対して賃金を払うのか」を明らかにしない限り、賃金の意味は従業員には伝わらない。

　正社員を雇用することは、定年年齢までの固定的費用（長期債務）を負うことになるのだから、企業として賃金（特に基本給）の設定要素を明らかにすることは不可欠である。モデル賃金・年収と昇給・賞与（労務行政研究所、2019 年）によれば「職務遂行能力」「年齢・勤続年数」「職務・役割」「本人の業績・成果」の順に基本給の要素別の割合が高い。その大企業においても「総合決定給」と称される属人的要素と仕事的要素を「総合的に評価・勘案して決まる」賃金の割合が 15%程度存在する。会社からのメッセージが不明瞭である。

　生産性を高めて賃上げ余力を増大しなければならない中小企業は、「社員の何に対して賃金を支払うのか」を明らかにし、会社のメッセージとして自社賃金（基本給）の体系を整備していく必要がある。

（3）2〜3年後の自分が見える

「2〜3年後の自分が見える」とは、具体的には等級制度といった賃金体系と賃金表が整備されている状態をさす。

企業に就職・転職する際に労働者が比較できる賃金は、本人がもらっている（いた）額、同僚との比較、求人票や転職サイトなどの掲載情報、世間相場（市場性）などである。

定期昇給（定昇）の実施率は中小企業（100〜299人）で79%（賃金引き上げ等の実態に関する調査の概況 厚労省2019年）である。2割の企業は定昇を行っていない。

賃金決定の基盤となる賃金体系を整備している中堅企業では、同一資格内部での一定範囲での昇給が行われ、上位資格への移動（昇格）による賃金上昇が組み合わされている。

同一資格内での昇給は少額となる傾向にあり、そのため賃金カーブ（賃金の傾き）はフラット化しているが、上位等級（難しい仕事、責任の大きい仕事）に就くと高い昇格昇給（昇格に伴う昇給）が期待できる賃金制度が増えている。

そこで、重要な役割を担うのは「賃金表」である。賃金表が整備され従業員に公開されていると、従業員は現在の資格等級水準に対応していくら給料がもらえるか、評価の結果どこの等級に移動するかによって、来年の賃金はいくらになるのかが可視化される。

ジョブ型であれメンバーシップ型であれ、前記（2）で、就業規則等で基本給と諸手当との関係を明らかにしても、賃金表が整備されていないと、現在から2〜3年先の自分の賃金水準を想定することは出来ない。

参考までに能力給の賃金表（段階号俸給）は図表5-15の通り。

図表5-16　賃金表（段階号俸給表）の例

等級	1等級	2等級	3等級	4等級	5等級	6等級
下限額	71,240円	92,740円	115,440円	135,940円	161,440円	201,840円
上限額	95,390円	126,490円	164,440円	190,190円	212,440円	258,840円
昇格昇給	-	7,700円	7,700円	6,500円	10,000円	20,000円
号俸間格差	460円	500円	560円	620円	680円	760円
標準昇給額	2,300円	2,500円			3,400円	3,800円
上限号俸	46号俸	61号俸	(例)最初は1号俸		61号俸	61号俸
最終上限	61号俸	76号俸	に格付け		91号俸	91号俸
1号俸	71,240				161,440	201,840
2号俸	71,700	93,240			162,120	202,600
3号俸	72,160	93,740	116,560	137,180	162,800	203,360
4号俸	72,620	94,240	117,120	137,800	163,480	204,120
5号俸	73,080	94,740		標準で5号昇号すると	160	204,880
6号俸	73,540	95,240		2年目は6号俸		205,640
7号俸	74,000	95,740			20	206,400
8号俸	74,460	96,240	119,300		166,200	207,160
9号俸	74,920	96,740	119,920	140,900	166,880	207,920
10号俸	75,380	97,240			560	208,680
11号俸	75,840		3年目は11号俸。3年			209,440
12号俸	76,300	98,240	目の額がわかる			210,200
13号俸	76,760	98,740	122,160	143,380	169,600	210,960

出所：筆者作成

（4）賃金水準が世間相場に達するかまたは上回っている

　イコールオアベターということばをご存知だろうか。1980年代に
世界企業ＩＢＭや、まだ若き創業社長が率いていたリクルートが、
従業員の処遇（初任給・賃金水準・その他労働条件）について、他
の会社と比べてイコール（同じ）かベター（上回る）の設定をした
いという企業姿勢（メッセージ）である。

　賃金は他人と比べて下回ると不満を生みやすい労働条件といわれ
ている。従業員は、自分の賃金が世間相場と比べて高いか低いかを
イメージでしか摑んでいない場合もある。

　世間相場とは、企業規模・業種・学歴・男女・年齢といった属性
毎に形成される。これらの属性毎に、自社賃金の何がイコールで何
がベターなのか、イコールオアベターでないものは何かを従業員に
開示し、イコールオアベターにするために会社・従業員は何をしな

くてはいけないかをアピールすることが重要である。

　情報開示と経営への協力要請を行ない、従業員に会社の処遇改善姿勢を明らかにすることで、信頼感を得ることができる。

　賃金の相場を把握するためには統計データが必要である。大規模・全国的な統計については、賃金動向は「毎月勤労統計調査」、初任給は「賃金構造基本統計調査」、賃上げは「民間主要企業春季賃上げ要求・妥結状況」、賞与は「民間主要企業夏季一時金・年末一時金妥結状況」などから収集が可能である。

　とはいえ地域中小企業にとって、上記統計はデータ量も多く、地域状況が埋没しやすい。そのため、地域の賃金相場については各都道府県の経営者団体（○○県経営者協会といった名称の団体）が行う労働諸条件総合調査（名称はいろいろ）で賃上げ、夏季・年末一時金の相場を把握することが出来る。

（5）仕事の役割・難易度が適正に反映される

　ここでは、その時々（リアルタイム）の仕事の役割・難易度に応じて設定される「役割等級」に応じて賃金が決定される仕組みをイメージしている。賃金と役割との対応関係が明確になることで賃金インセンティブが働き、役割を全うする意欲が高まることが期待できる。

　成果を出すためにはその仕事を遂行するための能力は必須だが、職能給制度は「職務遂行能力は低下しない」ことを前提として、賃金が低下しない運用が行われてきた。ところが近年の企業環境の激変やＩＴ化の進展に伴い、知識や技能といった能力要素は急速に陳腐化するケースも多くなり、賃金と企業業績への貢献度との相関がとれにくくなっている。

　社員の担当する仕事の役割（責任の大きさ）や難易度を、その時々の賃金に反映する仕組みとして、例えば管理職層（執行役員・部長・課長など）・専門職層（主席技師・技師など）・監督職層に役割に基づく等級制度「役割等級制度」を設定し、同制度に基づく「役割給」を支給する仕組みである。

　役割給はジョブ型賃金とのマッチングも視野に入れて考案されたものであり、定期昇給・柔軟な配置転換・組織一体感醸成に優れる能力給のメリットを否定しようとするものではない。

　役割は会社が決定するもので、一定の責任と権限が付与された等級（例えば主任クラス）以上に設定することが望ましい。また個人の成果を評価するには別の賃金項目（業績給・成果給）で評価する必要がある。

　高度ＩＴ人材などについては、報酬の相場が形成されているため、高度プロフェッショナル制度で対応するのが本筋だが、年収 1,075万円以上という制約があるため、中小企業にとっては使いづらく、むしろ個別契約で処遇するのがベターである。

（6）組織と個人の高い生産性が評価される

　賃金の上昇は、「インフレ率（消費者物価指数がよく使われる）＋生産性向上分」が望ましいといわれている。景気動向や交易条件という外部要因を除いて、賃金を上げるための原資は生産性向上という内部要因によってしか生み出すことは出来ない。そのため、生産性向上という目標を達成すると賃金が上がる（＝より豊かな生活が手に入る）という仕組みを賃金制度に組み込むことで、企業の業績向上と個人の賃金上昇につなげようとするものである。

　「がんばったものが報われる」賃金という印象を持つが、汗水を

流す「量」（労働時間）の多寡ではなく、生産性という「質」の向上を賃金の配分原資として確保し、従業員に配分することである。

具体的に生産性を把握するものさしとして、付加価値労働生産性を指標とし、付加価値（粗利）÷労働投入量で求められた値となり、その前年度の値との差分が生産性向上分となる。

企業の経営指標として、付加価値を含めて年度単位での測定は可能だが、従業員一人ひとりの生産性向上分を数値化し、それを賃金改定原資として個別に配分することは難しい。

そのため、部署別の生産性向上実績を、当該部門の従業員に対して、役割等級別に係数を設定して配分（上位等級が高い係数となるが、生産性の向上は具体的に行動するのがマネジメント層に限らないので、係数はフラットでも問題はない）することが実務的な対応となる。

また、生産性向上のための投資も業績の変動によって影響を受けるので、月例賃金への配分であれば「生産性向上加算」として、当年度限りの支給とし、翌年度のゲタを履かせることはしない。

（7）水準設定と評価に自分が関与できる

統計データはないが、「活力を生み出す賃金」のあり方として最も効果の高いと思われるものは、自分の賃金水準設定と成果の評価について、自ら会社と交渉し、その決定に関与できることではないかと筆者は考える。

働き方改革の労働時間短縮・休暇取得促進施策等の効果で「働きやすさ」は 2012 年比 5 ポイント上昇した一方で、「働きがい」については大きく低下している（同じく 2012 年度比 10 ポイント以上下回る。2022 年 7 月 31 日 NHK おはよう日本による）。

　仕事満足度の国際調査（パーソル総合研究所「APAC 就業実態・成長意識調査（2019 年））でも、調査対象のアジア・オセアニア 14 カ国・地域中、日本の満足度は評価 5 要素（会社全体・職場の人間関係・直属上司・仕事内容・プライベート）のうち 4 要素で最下位、1 要素で 13 位と低位である。

　業務遂行力・人間関係の成熟度が高い従業員階層では、事業と労働条件設定に参加の機会があり、自らの裁量が大きくなると満足度も働きがいも高まる傾向がある。そこで、賃金設定と評価に自分が関与できる仕組みを導入することで、従業員の活力と企業業績が更に高まることが期待できる。

　「自分の給料は自分で決める」ことを実践している会社は国内に存在しており（デジタルマーケティング支援企業 T 社（社員約 150 人　大阪府 https://www.tam-tam.co.jp）、事業会社兼ベンチャーキャピタル G 社（東京都 https://www.gaiax.co.jp）等）、賃金設定に従業員本人と申告や交渉によって関与できる仕組みを中小企業が導入することは、不可能なことではない。

　因みに T 社では、評価制度は導入せずフレームワークシート・振り返りワークシート・利益可視化システムで 20 年以上運営しているとのことである。

　自分の給料を自分で決めることが全ての企業にとって可能であるとは思わないが、社員が活性化し働きがいが強まるための経営姿勢として、十分検討に値すると考える次第である。

　さいごに、「活力を生みだす賃金」は私見ではあるが、実務経験豊富なひとりの賃金人事コンサルタントがたどり着いた見解でもあり、中小企業の人事政策に資するものであると自負している。

　自社の制度見直しの折に、是非検討して頂きたい。

＜再掲＞「活力を生みだす賃金」の7段階

①「食える」賃金水準

②何に対して賃金を支払うかが明確である

③2〜3年後の自分が見える

④賃金水準が世間相場に達するかまたは上回っている

⑤仕事の役割とその大きさ・難易度が適正に反映される

⑥組織と個人の高い生産性が評価される

⑦水準設定と評価に自分が関与できる

　企業と、そこに集う全ての方々の活力向上を祈って止みません。

参考文献

・モデル賃金・年収と昇給・賞与（労務行政研究所、2019年）
・物価と生計費資料（労務行政研究所、2022年）
・なぜ人手不足なのに賃金が上がらないのか（慶応義塾大学出版会）
・給料低いのぜーんぶ「日銀」のせい（ワニブックス、2021年）
・日本病（講談社現代新書、2022年）
（以下、厚労省資料）
・パートタイム・有期雇用労働法対応のための取組手順書
・職務評価を用いた基本給の点検・検討マニュアル
・不合理な待遇差解消のための点検・検討マニュアル（業界共通編）
・職務分析実施マニュアル

第6章　中小企業における女性活躍推進

第1節　女性活躍推進の背景

　日本は、女性活躍が進んでいないと言われる。2022年7月に世界経済フォーラムが発表した「ジェンダーギャップ指数」において、日本は世界146カ国中116位、主要7カ国（G7）の中では最下位となっている。「ジェンダーギャップ指数」は、経済参画・健康・教育・政治参画の4つの分野で男女格差の状況を指数化し、ランク付けがされる。このうち経済参画について見ると、日本は121位となっており、経済を支える基盤である企業活動において、女性活躍が十分に進んでいないことが窺える。

　また、昨今注目されているSDGsでは、17ある目標の1つに「ジェンダー平等を実現しよう」が掲げられ、各国の政府や団体、企業が様々な取り組みを進めている。

　このような状況から、日本政府も従来にも増して女性活躍に積極的に取り組んでいる。2021年に内閣府男女共同参画局から公表された「女性活躍・男女共同参画の重点方針 2021」では、これまでの取組みと共に令和3年度、4年度の重点的に取り組む事項として、

Ⅰ　コロナ対策の中心に女性を

Ⅱ　女性の登用目標達成に向けて

　　～「第5次男女共同参画基本計画」の着実な実行～

Ⅲ　女性が尊厳と誇りを持って生きられる社会の実現」

が掲げられている。特にⅡについては、経済分野の取組みの一つとして、民間企業の雇用者の各役職段階に占める女性の割合を令和7年までに引き上げる目標（係長相当職で30%、課長相当職で18%、部長相当職で12%）を達成するために、関係省庁が各種施策を展開することが盛り込まれている。このような動きにより、企業では女性の管理職比率を公表する等、数値目標を意識した女性活躍の取組みを加速することが求められている。

日本における女性活躍については、その必要性や取組み方法が大企業の視点で論じられるケースが多く、日本の99%以上を占める中小企業の視点で論じられることが少ない。書店に並ぶ女性活躍をテーマとした書籍を見ても、多くが大企業向けである。確かに、大企業はグローバルで活動する機会が多く、ヒト、モノ、カネ、情報等の資源が中小企業に比べ豊富にあり、社会に与える影響も大きい。従って、先ずは大企業がしっかりと女性活躍に取り組むことは重要である。一方で、中小企業においても女性活躍の波は押し寄せており、今から真剣に準備をする必要がある。このような背景を踏まえ、この章では中小企業に焦点を当てて、女性活躍推進の必要性や取組み方法等について論ずることとする。

第2節　中小企業における女性活躍の現状

1．中小企業を取り巻く環境と課題

　先ずは、女性活躍の議論に入る前に中小企業を取り巻く主な環境と課題について整理する。その上で、女性活躍の必要性について展開していくこととする。

（1）　人手不足

　2022 年版中小企業白書の「中小企業の雇用状況（業種別に見た、従業員数過不足 DI の推移）」では、2013 年第4四半期に全ての業種で従業員数過不足 DI がマイナスとなり、その後は人手不足感が高まる傾向で推移し、新型コロナウイルス感染拡大の影響で一時的に製造業と卸売業では従業員数過不足 DI がプラスとなるも、足元では、いずれの業種も従業員数過不足 DI がマイナスとなっている。

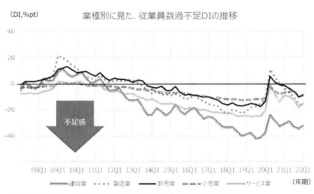

(DI,%pt)　　　　業種別に見た、従業員数過不足DIの推移

資料：中小企業庁・（独）中小企業基盤整備機構「中小企業景況調査」
（注）従業員数過不足数DIとは、従業員の今期の状況について、「過剰」と答えた
　　　企業の割合（％）から、「不足」と答えた企業の割合（％）を引いたもの。

出典：2022年度版中小企業白書より一部編集

また、新型コロナウイルスの影響で、外国人労働者や留学生の日本への入国が制限されていることも中小企業の人手不足に追い打ちをかけている。この状況がいつまで続くのか、現時点では予想ができないが、これまでのように外国人労働者の受け入れを前提とした事業活動については見直しが求められることになろう。

　事業を運営していくための人員の確保が、引き続き中小企業の経営上の大きな課題と考えられる。

（2）　労働力人口の減少

　日本は、他の先進国同様、少子化により人口が減少化傾向にあり、それに伴い労働力人口も今後減少していくことが見込まれている。国立社会保障・人口問題研究所等から過去に発表された将来的な労働力人口の推移データでは、2050 年までに 1000 万人を超える労働力人口の減少が予測されている。労働力人口の減少により、男性労働者の母数も減り、男性の獲得競争が激化することが想定される。従って、現行の必要人員体制を前提に労働力を確保する場合、男性労働力に頼った事業運営をしている企業は、今後、女性労働力の活用も考慮した人員確保を考える必要がある。

（3）　働き方の変化

　新型コロナウイルスは、企業の事業戦略に大きな影響を与えたと共に、人々の働き方や企業に対する価値観を大きく変えた。振り返れば、2020 年に緊急事態宣言が初めて発令された時には、社員が出社できない状況が多く発生した。これまで、公共交通機関や自動車等を利用して当たり前のように通勤し、当たり前のように職場の人たちと顔を合わせて仕事をするといった状況が急変したのである。

社員の残業を前提にして、何とか事業を維持してきた人手不足の中小企業の中には、新型コロナウイルス感染予防対策による稼働時間や勤務体制の変更が、事業運営に大きな影響を与え、経営危機に直面したケースもあった。

　このような経験を踏まえ、今後は、新しい働き方に対応した業務内容や人員体制の整備が課題となっている。

２．中小企業における女性活躍の視点

　前項では、中小企業を取り巻く主な環境と課題について見てきたが、課題については、大きく２つに分けられる。

①　人員の確保、特に男性の獲得が困難になる状況下での女性労働力の確保
②　働き方の変化に対応した業務内容や人員体制の整備

　これらの課題の解決策検討について、女性活躍の視点で考えることを提案したい。女性活躍の視点で考えていくと、短期的には職場の活性化、離職の防止といった企業の足元の事業運営の安定化に、そして長期的には、企業の永続的な発展に繋がることが期待できるからである。

　以下、女性活躍の視点で課題を検討するポイントについて示していく。中小企業の経営者が、女性活躍は当社には関係ないといった意識を改めるきっかけになればと思う。

（１）　職場環境の見直し

　職場環境の見直しとは、女性社員が活躍できる職場環境を作り、

維持・改善していくことである。"女性社員が活躍できる"というと実現へのハードルが高いと感じる人がいるかもしれないので、簡単に"女性社員が働きたいと思える"と置き換えてもらってもよい。

　皆さまが経営している、あるいは働いている企業は、女性社員が働きたいと思える職場環境だろうか？　事務所や工場の設備・備品、社内制度やルール、職場の雰囲気等、様々な環境が考えられるが、いずれの視点も大切である。例えば、トイレや食堂が汚い、事務所や工場内が整理整頓されず不安全、男性ばかりに重要な仕事が任される、上司がいつも部下を大声で叱っている、出産した女性社員は代々退職している等、こういった職場環境の中で、女性社員が働きたいと思えるだろうか？

　このような企業では、女性社員の離職防止（リテンション）が難しくなる。また、職場環境が悪いブラック企業といったマイナスのイメージが社外に広がった場合には、新規採用も難しくなり、結果として人員の確保に支障を来す可能性が出てくる。

　ここで考えていただきたいのは、女性社員が働きたいと思えることができない職場環境は、男性社員にとっても同じではないかという点である。そのような職場では、男性社員の中にも早く退職したいと思っている離職予備軍が相当数いる可能性がある。

　従って、女性社員が働きたいと思える職場環境を作ることは、結果として男性社員を含めた企業全体の離職防止や採用力強化に繋がってくる。人手不足を埋めるために人員を確保したいのであれば、職場環境の見直しは必須である。そして、その見直しの視点を女性にすることで、改善項目の発見機会が増え、結果として男性も含めた全社員が働きたいと思える＝全社員が活躍できる職場環境に繋がっていく。

（2）　上司のマネジメント力改善

　男性のみの職場では、上司から部下への指示や説明の口調が強く、傍から見ているとパワハラと感じるケースを多く見かける。特に、年配の上司にその傾向が強い。昭和から平成、そして令和を迎えた現在において、上司に求められるマネジメントのあり方が大きく変わってきている。ハラスメントが注目されている昨今においては、上司は部下に対して、これまで以上に寄り添った言動が求められている。"俺の背中を見て学べ"的な上司は、現在のマネジメントには適合しにくくなってきており、自分がこれまで接してきた上司とは異なるマネジメントが必要となっている。

　しかしながら、自分のマネジメントスタイルを変えることが難しく、苦労している人も多いのが現実である。長年培ってきたマネジメントスタイルを変えるのは、そう簡単ではないが、一方で次のようなケースもある。

　ある会社での出来事であるが、自分がこれまで培ってきた旧態依然のマネジメントスタイルを変えられずにいた男性社員の下に、女性の部下が配置された。すると、男性社員のマネジメントスタイルに変化が見られたのである。具体的には、部下に対する言葉遣いが丁寧になり、説明や指導が具体的になったのである。当初は、女性部下に対してだけそのような変化が見られたのだが、徐々に、女性部下が入った会議での言動、さらには男性部下に対する言動においても、女性部下への対応と同様の変化が見られたのである。生物学や脳科学的なことは分からないが、実態として男性上司→女性部下の構図は、男性上司のマネジメント力にプラスの効果をもたらすことがある。女性活躍、その前提として女性社員の母数を増やし、男性上司→女性部下の構図を多く生み出していくことは、結果として

男性社員のマネジメント力の改善に繋がる可能性がある。

（3）　生産性向上
　企業の生産性向上を考える場合にいくつかの視点がある。

　1つ目は、調達・製造・販売・アフターサービス等に至る一連の業務の効率化である。最近ではDXを中心としたIT領域の活用事例が多いが、これらの活用においては一定の投資が必要であり、中小企業においてはハードルが高い面も否めない。従って先ずは、業務内容や業務プロセスの見直しといった業務そのものに注目した改善による生産性に向上を考えたい。

　2つ目は、個々の社員の業務能力の向上、すなわち人財育成の側面である。個々人の業務能力の向上が、時間単位当たりの業務量の増加や業務改善提案の充実等に繋がっていく。

　そして3つ目は、個々の社員の保有能力の最大限の発揮である。個々の社員の業務能力が向上し、保有能力が高くなっても、それがアウトプットとされなければ、宝の持ち腐れとなってしまい、企業への貢献は少ない。従って、いかにして個々人の保有能力をアウトプットさせることができるかが、企業の生産性向上にとって重要な課題である。この3つ目の視点は、社員の意欲（モチベーション）との関係が深く、働き方に対する意識とも関係してくる。私はこの3つ目の視点が女性活躍との関係においても大切であると考えている。

　社員の意欲が向上する主な要素としては、概ね以下のポイントがあげられる。

①　役割・責任の明確化
　　業務の役割や責任を明確にし、その重要度や期待度を社員に伝えることで、社員が遂行する業務の価値の重さを感じられ

　ること
② 　上司との関係
　　上司から部下に一定の権限委譲があり、容易にコミュニケー
　　ションが図れる上司と部下の信頼関係があること
③ 　職場の雰囲気（含む同僚との関係）
　　職場の同僚と尊重し合い、協力関係があり、社員が孤立しな
　　いこと
④ 　保有能力と業務の適合性
　　社員が保有している技能、スキル、経験が活かされる業務が
　　与えられていること
⑤ 　適正なフィードバックと評価
　　部下の業務進捗や成果に対して、上司からの適正な助言・指
　　導があり、評価に適切に反映されていること
⑥ 　働き方
　　自主性を尊重し、効率性を重視した働き方が社員に許容され
　　ていること

　特に、⑥の働き方については、女性活躍の視点で捉えて考えるこ
とを薦めたい。長時間労働することが企業への貢献であるといった
考え方から、労働の質や効率性、すなわち生産性を重視する時代に
変わってきている。しかしながら、例えば、残業を多くやっている
人は頑張っている、コロナ禍で普及したテレワーク（在宅勤務等）
では、出社しない人はさぼっているといった固定観念を持った経営
者や管理職がまだまだ多い。このような労働時間の長さや出社する
ことがプラスの成果と認識される働き方は、特に育児時期にある女
性社員にとっては不利益をもたらし、意欲低下の原因となる。結果

として女性が活躍できない風土となってしまう。

　生産性を向上させるために、個々の社員の保有能力を最大限に発揮させることが重要であるが、そのためには、社員の意欲を向上させる必要がある。その一つの要素である働き方を変えていくことで、社員が業務に効率的に携わり、集中力を高めて成果を出し、達成感を感じさせることが重要である。

　そこで、社員の意欲向上を進める切り口として、女性活躍を考えたい。育児勤務中の女性が活躍できる働き方、一般的に女性が多いパートタイム社員が短時間勤務の中でも、より意欲的に業務に取り組んでもらえる働き方等、女性が意欲高く働ける仕組みを作ることが、結果として、社員全体の意欲向上に繋がる近道ではないかと考える。

（４）　企業の永続的発展

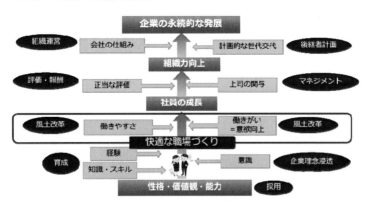

　上記の図は人財マネジメントプロセスを経営の視点と結びつけた簡略図である。

　この図は、社員を採用し、育成し、成長させることで、組織力が向上し、企業の永続的な発展に繋がっていくことを示している。前項までの（1）～（3）で指摘した内容が進んでくると、この図で示した「快適な職場づくり」が進み、さらに社員の成長を高めることができる。

　この一連のプロセスを推進していく一つの切り口が女性活躍、すなわち女性が働きたいと思える環境を構築していくことである。大企業のみならず、中小企業でも女性活躍を推進していく必要性はまさにここにあるとも言える。

3．女性活躍の阻害要因

　前項では、中小企業が女性活躍を進める視点について述べた。短期的には職場の活性化、組織の強化といった足元の事業運営の安定化に、そして長期的には、企業の永続的な発展に繋がる可能性を示した。

　しかしながら、日本においては冒頭に述べたように世界的にみると、企業活動において女性活躍がまだまだ進んでいない。日本の企業において、女性活躍が進まない阻害要因をここで確認しておきたい。これらの阻害要因を考慮しながら、中小企業での女性活躍施策の提案に繋げていきたい。

（1）　産前産後休暇・育児休業に伴う長期職場離脱

　日本においては出産予定日の6週間前（双子以上の場合は14週間前）から、産前休暇を取得することができる。また、出産の翌日から8週間は、産後休暇として就業することができない。産前休暇は、出産者からの請求ベースで取得ができる一方、産後休暇は、出産者

の請求に関係なく、就業が禁止されている。ただし、例外として、産後休暇については、産後 6 週間経過後に出産者が請求し、医師が認めた場合は就業することができることとなっている。

　出産する女性の多くは、産前休暇から産後休暇を経て、その後、育児休業を取得し、職場からしばらく離れることになる。下表の「取得期間別育児休業後復職者割合（平成 30 年度雇用均等基本調査）」をご覧いただきたい。これは育児休業を取得した人がどのくらいの期間で職場に復帰したかを示している。平成 30 年度の女性をご覧いただくと、8 か月〜18 か月未満が多いことが分かる。この休業期間、すなわち就業できないブランク期間が女性活躍の障害となっている。残念ながら、未だに“採用するならば、できれば男性がいい”と言われる経営者や人事担当者が多いが、それは社員の出産・育児による職場からの離脱を避けたいと考える人が多いことの表れでもある。

取得期間別育児休業後復職者割合 (%)

		育児休業後復職者計	5日未満	5日〜2週間未満	2週間〜1か月未満	1か月〜3か月未満	3か月〜6か月未満	6か月〜8か月未満	8か月〜10か月未満	10か月〜12か月未満	12か月〜18か月未満	18か月〜24か月未満	24か月〜36か月未満	36か月以上	不明
女性	平成24年度	100.0	0.3	0.9	1.8	4.8	6.9	8.2	13.7	33.8	22.4	4.9	1.6	0.7	0.3
	平成27年度	100.0	0.8	0.3	0.6	2.2	7.8	10.2	12.7	31.1	27.6	4.0	2.0	0.6	—
	平成30年度	100.0	0.5	0.3	0.1	2.8	7.0	8.8	10.9	31.3	29.8	4.8	3.3	0.5	—
男性	平成24年度	100.0	41.3	19.4	14.8	17.9	2.2	1.4	0.4	2.1	0.3	0.2	—	—	
	平成27年度	100.0	56.9	17.8	8.4	12.1	1.6	0.2	0.7	0.1	2.0	0.0	—	—	
	平成30年度	100.0	36.3	35.1	9.6	11.9	3.0	0.9	0.4	0.9	1.7	—	0.1		

注：「育児休業後復職者」は、調査前年度1年間に育児休業を終了し、復職した者をいう。

出典：厚生労働省　雇用均等基本調査（事業所調査）

（2）勤務時間の制約

　出産・育児により、職場から離脱することが女性活躍の一つの障害であることと関連して、育児休業から復帰した後についても女性活躍が進まない障害がある点について触れておきたい。それは、短時

間勤務や出張制限である。育児休業から復職した女性社員は、子どもの保育園への送り迎えや家事等の理由で、短時間勤務となるケースが多い。若い世代を中心に、保育園の送り迎えを含め、家事を夫婦で分担して行う家庭も増えてきてはいるが、まだまだ母親である女性社員に負担が寄っている。下表の「1日の時間の使い方」を見ても圧倒的に女性の家事や育児に費やす時間が、男性より長いことが見て取れる。結果として、女性社員に対して、残業、宿泊や定時終業時間を超える出張を命じることが難しく、成長に繋がる役割や責任ある職務に、育児中の女性社員をアサインすることに、企業が躊躇してしまうケースが見られる。

1日の時間の使い方

夫婦と子供から成る世帯 (有業者)(仕事のある1日)		令和2(2020)年度 調査	令和元(2019)年度 調査	時間の増減
仕事時間	女性	6時間42分	7時間18分	−36分
	男性	9時間09分	9時間34分	−25分
家事時間	女性	2時間29分	2時間31分	−2分
	男性	0時間50分	0時間49分	+1分
育児時間	女性	2時間13分	1時間43分	+30分
	男性	0時間55分	0時間31分	+24分
介護時間	女性	0時間49分	1時間02分	−13分
	男性	0時間41分	1時間06分	−25分

(備考)「令和2年度　男女共同参画の視点からの新型コロナウイルス感染症拡大の影響等に関する調査報告書」
(令和2年度内閣府委託調査)より作成。

出典：内閣府男女共同参画局　令和3年度男女共同参画白書

（3）　ハラスメント問題

　2022 年 4 月から、中小企業においてもパワーハラスメント（パワハラ）防止措置を講じることが義務化されたが、企業で起こるハラスメントとして多いのはパワハラと共に、セクシュアルハラスメント（セクハラ）、マタニティ／パタニティハラスメント（マタハラ／パタハラ）である。この中で特にセクハラとマタハラは、女性社員が被害者となるケースが多く、女性活躍の障害となっている。

　下図は、厚生労働者から毎年公表される民事上の個別労働紛争の主な相談件数の推移であるが、年々、いじめ・嫌がらせ（＝ハラスメント）が増えている（令和 2 年度より大企業に対する相談件数が除かれて集計されているため、令和 2 年度、3 年度の件数が令和元年度より減っているが、大企業分も含めると令和元年度よりも件数が増えている）。

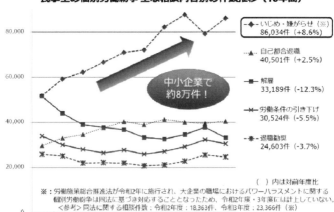

民事上の個別労働紛争 主な相談内容別の件数推移（10 年間）

出典：厚生労働省「令和 3 年度 個別労働紛争解決制度の施行状況」（令和 4 年 7 月 1 日）より一部編集

　ハラスメントの被害に合うと、働く意欲が低下し、業務遂行にマイナスの影響を与える。さらに状況が悪化するとメンタルヘルス不調等により、休業し職場を離脱することにもなり兼ねない。

　ハラスメントが起こる原因の一つに、性別に対する古い役割意識が影響していると言われる。"女性はこうあるべきだ"といった固定観念に基づいて行われる言動が、加害者が意識しないところでセクハラを引き起こしているケースもあり、女性活躍の障害となっている。

（4）　男性上司の女性部下に対するマネジメント力の欠如

　特に、社員の大多数が男性の企業でよく聞く話であるが、男性上司が、女性部下とうまくコミュニケーションが取れず、上司も部下も互いにストレスが溜まるという状況に陥ることがある。例として、男性上司が育児をしている短時間勤務の女性部下に対して、残業にならないように簡単な仕事しか与えない、一方で女性部下は、仕事に物足りなさを感じるといったケースである。育児で大変な状況を考慮し、女性部下の業務負担を少なくするという男性上司の配慮が、女性部下にとっては、成長の機会を与えてもらえない、キャリア形成について考えてもらえないという不満につながったというように、お互いの気持ちにすれ違いが生じている。

　このような状況に陥る一つの理由は、男性上司が女性に慣れていないということである。男性部下に対しては普通にできていたコミュニケーションが、女性部下に対してはうまくできない。このような、男性上司の女性部下に対するマネジメント経験の不足も女性活躍の障害の一つとなっている。

第3節　中小企業における女性活躍推進のポイント

　ここまで、中小企業における女性活躍の必要性や阻害要因について見てきた。日本人男性の労働力人口が減少化傾向にあり、中小企業では慢性的な人出不足が今後も予測されることや外国人労働力の活用が、新型コロナウイルスの影響で先が見えない状況に陥っているといった厳しい現実に触れた。また、女性社員は出産・育児により職場から離脱し、復帰しても短時間勤務等で労働時間に制約があり、活躍が限定的となっている現状についても述べた。

　このような状況の中で、中小企業が女性活躍に真剣に取り組み、結果を出していくことが求められている。ここでは、具体的に中小企業が、女性活躍をどのように進めていけばよいか、優秀な女性社員を採用－育成－リテンションして、組織力を高め、企業が永続的に発展していく仕組みについて検討していく。

1．ハラスメントのない快適な職場づくり

　前節の3．女性活躍の阻害要因で、セクハラやマタハラは女性が被害に合うケースが多く、女性活躍の阻害要因であると述べた。一方でパワハラも職場における大きな問題となっている。このパワハラは女性社員のみならず、男性社員も多くの被害を受けている。

　このようなハラスメント問題は、社員の仕事に対する意欲低下、離職者増加、採用難といったダメージを企業に与える。従って、企業は、快適な職場環境を築くことでこれらのダメージを防ぐ必要があり、その一つの切り口として、女性活躍の視点は意味を持つ。

　ハラスメント防止対策については、政府の公開資料や様々な文献が出されているため、ここでは割愛するが、ポイントは、経営者が

下図にあるような負の流れをしっかりと頭に入れ、経営課題として、ハラスメントに真剣に取り組むことである。先ずは、女性が被害を受けるケースが多いセクハラやマタハラを徹底的に撲滅すると共に、管理職中心にパワハラに対する知識習得とマネジメントスタイルの見直しを進めることで、"快適な職場づくり"を経営者と管理職で協働してリードすることが重要である。

> ハラスメント発生は **経営に大きなダメージ**
> ・ 従業員のやる気低下、離職者増加、採用難　等

２．業務の分解と計画的な多能工化

　働く女性の家事や育児に費やす時間が、男性より圧倒的に多い現状を先に示した。当面はこの状況が続き、結果として女性社員の育児休業期間が大幅に短縮される、あるいは短時間勤務の申請が減少するといった状況になるには、時間が掛かると想定される。従って、現状通り女性社員が出産・育児により、職場から1年程度離脱し、復帰後も短時間勤務をする前提で、企業の対応を考えたい。

　ここでのポイントは、女性社員が育児休業等で職場から抜けた穴をどのようにカバーして、事業活動を継続するかという点である。基本は、既存社員による代替と必要に応じた短期契約の労働力（パート社員や人材派遣スタッフの増員等）での代替となる。

前者の既存社員の代替については、休業する社員が行っていた業務を代替できる人財がいることが前提となるため、おのずと社員の多能工化の話に行き着く。とはいえ、大企業と違って、社員数が少ない中小企業で多能工化を進めていくには、より計画的かつ慎重に準備をする必要がある。

　また、後者の短期的な労働力の代替については、代替する人が、就業開始後すぐに業務に慣れてもらえる準備をする必要がある。

　社員の多能工化にしても、短期的な代替労働力の活用にしても、大切なことは、既存の業務内容や業務プロセスを明確にしておくことである。人任せの業務で、"あの人しか分からない""長年の勘"で成り立っている業務を減らし、業務内容や業務プロセスを見えるように（見える化）することである。

　そして、見える化した業務内容や業務プロセスを分解し、作業単位に切り分けて、人に当てはめていく。経験豊富な社員には難易度の高い作業単位を与えて大きな役割や責任を果たしてもらい、一方で経験が少ない社員には難易度の低い作業単位を与える。ここでのポイントは作業単位を業務の習得単位として位置づけ、教育をしていくという視点である。

　育児休業等で職場を離れた社員の業務についても作業単位で考え、複数人で業務をカバーすることを考える。そして、その中で習得しやすい作業単位を短期的な労働力に与えていく。

　業務内容や担当する人の力量によって、そう単純にはいかない面もあるが、一つの考え方として多能工化のステップを以下に示す。

多能工化のステップ

① 業務の分解
② 業務内容や業務プロセスの明確化（見える化）
③ 業務に求められるスキルの特定
④ 計画的な配置転換

多能工化！

① 業務の分解

　各人の現行の業務（業務内容とプロセス）を細かく切り分けて、業務の分担がしやすい方法を考える。業務内容やプロセスは、扱う製品やサービスによって多様であることから、ここでは共通的な考え方を示すのみに留める。

　例えば A プロセスには前工程作業と後工程作業あり、前後両方の工程を一人が担当しているとする。この前工程作業と後工程作業を切り分け、別々の人が担当するといったイメージである。そして、この切り分けた作業工程の業務を担当できる人を増やしていく。業務内容と業務プロセスを分解し、作業単位を小さくすることで業務の習得期間を短くして、業務の代替がしやすい仕組みにする。

　特に、以下の業務は優先的に検討を進める必要がある。

・業務をできる人が一人しかいない、あるいはごくわずかである（この人しかできない等）
・長年培われた経験や勘が重視されている
・ライン業務のように業務内容が一連の流れ作業に組み込まれている（オンライン業務等）

　これらの優先的に検討を進めるべき業務は、担当している社員が不在になった時に、企業に大きな影響を与えるため、不測の事態を

想定して早急に準備を行う。

② 業務内容や業務プロセスの明確化（見える化）

　業務の分解が出来たら、次にやるべきことは、個々の業務内容や業務プロセスを業務担当者以外にも理解できるようにすることである。一般的には、業務手順書やマニュアルを作成することになるが、書類ベースの業務手順書やマニュアルはいくら詳しく書いても、実態としてはあまり活用がされていない。また、そもそも書類で作成すること自体に膨大な時間を費やし、人員がタイトな中小企業においてはそのような時間を確保することが難しい。

　従って、業務内容や業務プロセスの明確化（見える化）をするには、文書よりも動画や写真をベースにした業務手順書やマニュアルを作成することを薦めたい。特に、工場での業務では設備や備品等の取り扱いが多く、目に見える形にしやすい。

　業務を行っている人が、業務について手順や留意事項等を説明する様子を撮影し、それをマニュアルとして活用して、業務を習得していく。最初の一歩は、スマホで撮影することから始めてもよい。但し、撮影した内容を企業として情報が漏れないように保管する配慮は忘れずに行う。最終的にはそのような業務手順書やマニュアル作成に替わる動画を一か所に集めて、社員で共有できるようにする。

注：ISO 等の審査基準や法的要求事項として、文書化が求められている場合は、資格維持やコンプライアンスの観点から文書による管理を徹底する。ここでの話は、それ以外の企業の独自判断で対応できる範囲のケースである。

③　業務に求められるスキルの特定

　業務の分解が行われ、個々の業務内容や業務プロセスの明確化（見える化）が進んだら次に、求められるスキル（知識や技能、資格等）を明らかにする。スキルマップあるいは技能マップという言い方をする場合もあるが、簡単に言うと、この業務を行うためには、どんなことができないといけないのか、そのためにはこういった知識が必要だ、といったことが分かるようにしておくということである。

　必要なスキルを明らかにすることで、社員の育成に繋げ、また、社員が自ら学ぶ意識を高める。そして、スキルの習得状況を管理し、業務の代替ができる社員の数を計画的に増やしていくのである。社員の育成と社員の成長意欲を掻き立てる仕組みとも言える。

④　計画的な配置転換

　業務手順書やマニュアルが動画等で理解しやすくなったとしても、それを見ただけで、その業務ができるかというと、そう簡単ではない。社員が分解された業務を確実に習得し、代替できる業務の数を増やすためには、実際にその業務をやってみる必要がある。そこで、計画的に配置転換を実施することを提案したい。１年あるいは２年等、期間を決めて配置転換を行う（期間に応じた転換）、あるいは、現在担当している業務に求められるスキルの習得度合いに応じて配置転換（スキル習得状況による転換）を行うことが考えられる。後者のケースでは、スキルの習得度についてレベルを事前に決めておく必要がある。中小企業においては人員が限られており、配置転換を行うと現行の業務に支障を来すことも考えられる。従って新規入社者があるタイミングでの配置転換や兼務のように段階的に業務を入れ替えていくといった、企業の状況に応じた対応を行う。

以上のように多能工化は、出産・育児等で職場から離脱する女性社員の業務をいかにカバーするかといった予防的な措置であるが、この取組みは女性活躍ということだけではなく、今後増えていくことが予想される男性の育児休業、あるいは介護休業、不慮のケガや事故等による離脱等、社員の誰にでも起こり得るリスクとして、経営者はとらえる必要がある、企業が事業を継続していく上では避けては通れない取組みと言える

3．男性の育児休業促進

　"男性も育児休業をもっと取得しよう"と言うと、人手が足りないのに、女性社員のみならず男性社員も育児休業で職場から離脱させるのか、と怪訝に感じられる方もいるだろう。

　ここで思い出して欲しいのは、「第2節　2．中小企業における女性活躍の視点（4）企業の永続的発展」で示した、企業が永続的に発展していくためには、"快適な職場づくり"が必要であるという点である。ハラスメントをはじめ、女性の活躍を阻害する職場環境を改善することが、"快適な職場づくり"の切り口となる。そのためには、男性社員が女性社員の立場を認識し、男性優位となっている企業や社会の状況を実感することが必須である。

　男性が育児休業を取得し、育児に積極的に参加することで、女性の立場を理解し、今まで気づかなかった何気ない女性差別を認識するきっかけとなり得る。育児をしながら働くことの大変さを認識することで、マタハラ防止にも繋がる。また、部下が女性、男性に関係なく、育児休業を取得できる状況になれば、職場から離脱するのは女性社員だけといった上司の意識が薄れ、性別による不公平のないマネジメントが期待できる。結果として、女性管理職登用の道も開けてくる。

　さらに、男性社員の育児休業の取得は、企業のイメージ向上にも繋がり、採用活動や社員の意欲向上にもプラスの効果をもたらすと言える。育児や家事は夫婦で分担、ワークライフバランスの充実といった若者の価値観を大切にし、"快適な職場づくり"を意識した企業経営が求められている。

４．パート勤務者の勤務時間延長

　人手不足が続く多くの中小企業において、女性のパート社員は貴重な戦力になっている。もし、これらの女性パート社員が、より長い時間働くことができれば、企業は、人手不足のカバーや女性が活躍できる機会をさらに提供することが可能となる。

　短期的な人手不足は、前述した業務の分解と多能工化による業務代替体制の整備や人材派遣等の短期的な労働力代替で対応する。これに加えて、パート等の短時間勤務者の勤務時間延長も対応の選択肢に入れることを提案したい。

　ここでは法改正として、短時間労働者に対する社会保険適用拡大のポイントについて説明し、特に女性パート社員の勤務時間延長による活躍推進の可能性について見ていく。

　最初に法改正の内容について説明する。

短時間労働者に対する社会保険適用拡大

短時間労働者の社会保険適用対象	
＜現行＞	**＜改定後＞**
①週労働時間20時間以上（30時間未満）	①週労働時間20時間以上（30時間未満）
②月額賃金8.8万円以上（年収で約106万円以上）	②月額賃金8.8万円以上（年収で約106万円以上）
③勤務期間1年以上の見込み	③勤務期間2か月以上の見込み
④学生以外	④学生以外
⑤従業員500人超の企業に勤務（500人以下でも労使が合意すれば適用可）	⑤2022年10月～：従業員100人超の企業に勤務　2024年10月～：従業員 50人超の企業に勤務
※上記全てを満たすと社会保険への加入が義務	※上記全てを満たすと社会保険への加入が義務

> 働きたい人が働きやすい環境を整えるとともに、短時間労働者について、年金等の保障を厚くする観点から、被用者保険（年金・医療）の適用拡大を進めていく

現行の制度では、正社員（いわゆるフル勤務社員）と週の所定労働時間数及び月の所定労働日数が正社員の4分3以上である短時間労働者は、社会保険（厚生年金・健康保険）に加入することが義務づけられている。また、従業員数500人超の企業については、上表の通り、一定の条件を満たした短時間労働者も社会保険への加入が義務となっている。この一定の条件を満たした短時間労働者の社会保険の適用範囲が段階的に拡大される。

　この法改正は、国として安定的に年金制度を維持・運営していくための施策の一つであるが、中小企業にとっては影響が大きい。これまで、従業員数が500人以下の企業では、従業員が週20時間以上（30時間未満）勤務しても社会保険の加入義務がなく、従業員も企業もいずれも社会保険料の負担がなかった。しかしながら、2022年10月からは従業員数100人超、そして2024年10月には50人超の企業が社会保険の適用対象となり、中小企業で働く母数が多い女性パート社員がその主な対象となる。企業と女性パート社員が共に社会保険料を負担することになり、企業にとってはコストアップの要因、女性パート社員にとっては賃金の手取り減の要因となる。

　短時間労働者については、社会保険に加入する必要がない勤務条件を希望する人が多い。社会保険に加入することで、厚生年金の受給（増額）や健康保険の傷病手当金の受給といったメリットがある一方で、社会保険料の負担による給与の手取り減といったデメリットもあり、勤務時間を抑えたいといった意向が根強くある。特に、配偶者の健康保険の扶養になっているケースでは、扶養の範囲、すなわち社会保険の加入義務が生じない範囲で働こうという意識がより強くなる。

　今回の法改正は、現行の労働条件のままでは社会保険の適用とな

る短時間労働者に対して、労働時間を増やしてもらう一つのきっかけとなる。新たに社会保険料を負担することで賃金の手取りが減るならば、その分、長い時間働いて、多く賃金をもらうことで手取り減をカバーするという発想も見えてくる。一方で、企業は社会保険料負担によるコストアップを想定し、より利益を向上させるシナリオを描く必要がある。

　そこで、法改正により新たに社会保険の適用対象となる女性パート社員に対して、より長い時間勤務をしてもらい、さらにより高度な業務に挑戦してもらう方向に舵を切ることを考えたい。企業の社会保険料負担によるコストアップが免れない以上、コスト削減も大切であるが、一方で、人的投資をしてさらに利益をあげるシナリオを描くことも検討に値する。その人的投資として、女性パート社員に対して多様な雇用契約を用意するなどして積極活用、すなわち女性活躍を進めることが重要となる。

第 4 節　中小企業の永続的発展に向けて

　ここまで中小企業における女性活躍推進について、課題や方向性を示してきたが、その最終ゴールは、中小企業の永続的な発展である。本章では、ヒト、モノ、カネ、情報といった経営資源の中で、特に「ヒト」である人財と組織を意識しながら、女性活躍との関連性を示してきた。

　「ヒト」については、人財の採用に始まり、評価、育成、配置、退職等、一連の人事プロセスにおいて様々な施策が展開される。その目的は、簡単に言うと「採用した人財が成長することで企業も成長する、そして永続的に発展する」といった社員と企業の成長シナ

ジーを生み出すことである。

　第3節では、中小企業における女性活躍推進のポイントを示したが、施策を進めるにあたっては外部専門機関を有効活用することを薦めたい。具体的には、独立行政法人中小企業基盤整備機構、公益財団法人東京都中小企業振興公社、各地域の商工会・商工会議所等で設置している相談窓口の活用や一部で実施している専門家派遣の活用である。また、中小企業診断士や社会保険労務士等へ相談することも考えられる。

　冒頭に記載した通り、日本は女性活躍が遅れていると言われている。現在、政府や大企業を中心とした産業界では、女性活躍推進を掲げ、数値目標や取組み状況の公表等に力を入れている。投資家もESG や SDGs、非財務指標、人的資本等の切り口で企業を評価し、ダイバーシティの一環として女性活躍の推進度合いを重視してきている。

　先進国に比べ女性活躍が進んでいないと国際的に評価されている現状においては、女性活躍は喫緊の日本の課題であることは間違いないが、大切なことは何のために女性活躍を推進しているかという点である。

　ヒト、モノ、カネ、情報が不足している多くの中小企業が女性活躍を推進する意味は、女性活躍を一つのキーにして企業を永続的に発展させるためである。企業を永続的に発展させるために、女性活躍を推進し、"快適な職場づくり"を地道に築きあげていくことが重要である。最終的には男性、女性に関係なく、社員が活き活きと働ける快適な職場を構築し、社員も成長、企業も成長といったシナジーを作るのである。その最初の一歩として、女性活躍を切り口に考えると、新たな発見が生まれる。人手不足の解消、そのためには女性

労働力が必須であり、女性が採用できる、活躍できる環境を整備しようというのが本章の基本スタンスである。中小企業が女性活躍を軸に、益々発展することを期待したい。

参考文献

- 石井遼介（2021）『心理的安全性のつくりかた』日本能率協会マネジメントセンター
- 鈴木瑞穂（2019）『現場で役立つ！ハラスメントを許さない現場力と組織力』日本経済新聞出版社
- 向井 蘭（2020）『管理職のためのハラスメント予防＆対応ブック』ダイヤモンド社
- 冨山和彦、木村尚敬、沼田俊介、浜村伸二（2019）『「競争力×稼ぐ力」を強くする生産性革命』生産性出版

第7章　シニアの活用について

はじめに

　筆者は現在 62 歳であり、まさにシニア世代の一人である。健康、やりたい仕事にも恵まれ日々のビジネスライフをお陰様で充実して過ごせている。ここでいうシニアとは 60 歳以上の方を指し、プレシニアとは 50 代の方を指している。世の中には高齢者という呼び方があるが、高齢者とはネガティブでマイナスなイメージが強く、ここでは、数々の経験をし、その経験と知識を活かし新たなチャレンジをする 60 代以上の方をシニアとの呼び名で統一する。筆者の周囲には、60 歳定年を境に就業形態が大きく変わり、それをよしとするシニアもいれば、高い能力を有しながらもそれを活かせずにいるシニア、就業形態の変化に適応できずに残念ながら仕事を辞めていくシニアもいる。

　2022 年 7 月 8 日の安倍晋三総理の銃撃事件は、国内外に衝撃を走らせた。改めて総理の功績が国外で称えられたが、その安倍政権時代に打ち出されたものの一つに「日本 1 億総活躍社会の実現」がある。これはいくつになっても、学び直しができ、新しいことにチャレンジできる社会、人生 100 年時代を見据えた経済社会の在り方を構想したものだ。国内では少子高齢化が進み、社会保障費は増え続け、過去最高を更新している。昭和の時代には、定年退職を迎えると、年金や企業年金の支給が開始され、悠々自適なセカンドライフが待っていたが、時代が平成、令和の時代に進むなか、失われた 20

年を経験し、就職氷河期世代での非正規労働者や未婚率の増加、医療の発達による長寿命化などで、昭和の時代のような定年＝引退とは言えなくなった。今は60歳定年でハッピーリタイヤをし、悠々自適な生活をするシニアは少なく、60歳を超えて働くのは当然のようになっている。政府も定年年齢や年金受給開始年齢の引き上げ、年金繰り下げ上限年齢の引き上げ、割り増しの増加など、随時時代にあわせた制度改定を実施してきている。シニアが社会で必要とされ、元気に貢献し続けれる構想は、生産年齢人口の減少を支え、シニアに生きがいや豊かな人生を過ごす機会を与えることにつながる。だが、企業側では、増えていくシニアに対する雇用制度がまだ十分に整備されておらず、働く意欲をもったシニアのモチベーションの低下や離職、訴訟などが起きている。現在のシニアの労働環境を確認しながら、シニアが元気で能力を発揮し続けるにはどのようなことが必要かを考えていきたい。

第1節　シニアを取り巻く最近の社会制度の動向について

1．60歳代前半の在職老齢年金制度の見直し

　2022年4月1日　高齢者の就業を後押しする年金制度の改正が施行された。年金を受給しながら働く60歳から64歳のシニアは、改正前は、年金額と給与の合計額が基準額である月28万円を超えると超えた分の2分の1が年金額より減額されたが、この基準額が65歳以上のシニアと同様に47万円に引き上げられることとなった。60歳〜64歳にもらえる在職老齢年金額は、大卒後60歳まで働く男性サラリーマンで、満額で月9万円から12万円程度が相場である。改正前では、60歳以降に月30万円の給与収入と月換算で在職老齢年

金 10 万円をもらうとすると、合計額 40 万円から基準額である 28 万円を差し引いた 12 万円の 2 分の 1 の 6 万円が年金額から減額された。この基準額が 47 万円に引き上げられたことで、合計額 40 万円は基準額内に収まり、満額の年金額をもらえるようになる。筆者が前に勤務していた建設会社では、次のような事例があった。60 歳を迎えたバリバリの施工管理技士であるシニアに、再雇用後もフル勤務の現場代理人の仕事を依頼したところ、フル勤務では給与と年金の合計額が月 28 万円を超えてしまい、年金額が減少するため、勤務日を週 3 回にしてほしいというものだ。このシニアは各地のフルマラソンにも積極的に参加し身体強壮で、現場代理人としての実績も豊富な方であったため、大きな戦力ダウンにつながった。現場の管理者は公共工事ではコリンズという工事実績システムに登録され、フルタイムで現場を管理しなくてはならない。このシニアには、年金額が減少してもフルタイムで働くことにより手取り額が増えることを丁寧に説明したが、今まで掛けてきた年金保険料から得られる年金は全額もらわねば損だとの考えから、働く日数を減らした働き方を譲らなかった。この他にも、年金との調整から勤務日を調整するなど、現場に支障が生じたケースがいくつかあった。国の年金制度のしくみがシニアの働き方に一定の制約を加えてきていたが、今回の改正により、このようなシニアにフルタイムの現場の管理を任せれるようになる。只　今回の改定の恩恵を受けれるシニアとその恩恵を受ける期間は限られている。この改定に該当し恩恵を受けれるシニアは男性は昭和 32 年 4 月 2 日から昭和 36 年 4 月 1 日生まれまでの者で、女性は昭和 37 年 4 月 2 日から昭和 41 年 4 月 1 日生まれまでの者に限られる。昭和 32 年 4 月 1 日生まれまでの男性シニアは施行日には既に 65 歳になっており、この恩恵を受けれない。こ

の制度の恩恵を受けれる昭和32年4月2日から昭和36年4月1日生まれまでの男性シニアで、恩恵を受けれる最長期間は昭和34年4月1日生まれの者で2年間である。昭和34年4月2日から昭和36年4月1日生まれの男性シニアの在職老齢年金の支給開始年齢は64歳からとなるため、恩恵を受けれる期間は1年間のみとなる。昭和36年4月2日以降生まれの男性の場合は、65歳から厚生年金が支給されるため、今回改正の対象外だ。女性シニアは、男性より受給開始年齢が5年早いため、改正の恩恵を受けれる期間は長くなるものの、もともとこの世代の女性は今のように女性の社会進出が進んでいない頃の世代であり、厚生年金への加入期間も短いことなどから年金額はそれほど多くなく、今回改正の恩恵を享受できる者は少数に限られる。

2．60歳代後半の在職老齢年金制度の見直し

　高齢者の就業を後押しする年金制度の改正は65歳以降においても行われた。年金の受給開始年齢は65歳を原則とするが、改正前は本人の希望により60歳から70歳の間で繰り上げ、繰り下げが可能であった。これが改正により繰り下げが75歳まで可能となったのだ。65歳以降の繰り下げにより増える年金額の割合は月0.7％づつで改正前と変わりはないが、75歳受給開始を選んだ場合の毎月受け取る年金額は65歳開始時の1.84倍にもなる。できるだけ健康で長く働き続け、多くの年金を後半にゆっくりもらうという選択肢が増えたのだ。この他、「在職定時改定」というしくみも開始された。これは、これまで厚生年金を受け取りながら、仕事を継続する場合には、65歳以降に納めた厚生年金保険料が年金額に反映されるのは退職時か70歳に到達した時に限られていたものが、2022年4月からは年金

額に反映される時期が毎年 10 月となり、納めた年金保険料がすみやかに年金額に反映される仕組みになったのだ。これにより、年金額の増加を実感しながら、働くことができる。65 歳以降の年金と給与の合計額が月 47 万円を超えると年金の支給金額が減額される在職老齢年金のしくみは今迄と変わりはないが、現行では 65 歳以降で合計額が月 47 万円を超えるシニアの割合は 3 割に満たしておらず、大部分のシニアは在職定時改定の恩恵を受けながら仕事ができそうだ。なお在職老齢年金の繰り下げ申請については、給与が高く基準額を超えるようなシニアの場合には、基準額を超えた年金部分が割増対象から外れるなどのルールがあるため、選択の時によく内容を確認することが必要だ。

3．高年齢者雇用継続給付金制度の縮小・廃止

　シニアの 60 歳以降の収入の補完になっている制度に、雇用保険の高年齢者雇用継続給付金がある。大概の場合、再雇用時に申し込むシニアが多い。これは 60 歳以降に賃金が、60 歳になった時点の賃金月額の 75%未満になっている場合に、15%を限度に支給されるものだ。この制度が 2025 年から段階的に縮小・廃止されることが決定している。この制度は 2013 年に「高年齢者雇用安定法」の改正（改正により企業は「65 歳までの定年年齢の引き上げ」、「65 歳までの継続雇用制度の導入」、「定年の定めの廃止」のいずれかの選択を義務付けられた）が施行され、2019 年には希望者の全員が 65 歳以上まで働ける企業の割合が 78.8%迄に達した（令和 2 年版高齢白書）ことや、同一労働同一賃金が法制化され、高齢者の雇用環境がほぼ整ったことなどから決定されたものだが、企業の同一労働同一賃金の理解や運用、シニアの受け入れ体制作りはまだまだである。2025 年度

からは男性シニアの年金の支給開始年齢が 65 歳になり（女性は 5 年遅れ）、高年齢継続給付金の縮小、廃止が決定されたなか、シニアの人事制度の見直しが必要になってくる。

４．高年齢者等の雇用の安定等に関する措置の改正

　2021 年 4 月には「高年齢者等の雇用の安定等に関する措置」の改正が行われた。2013 年の高年齢者雇用安定法の改正は 65 歳までの希望者全員の雇用を企業に義務付けたが、この改正では就業を 70 歳まで延長することなどの就業確保措置を企業に努力義務化した。企業が選択できる就業確保措置は次のようになっている。

① 70 歳への定年の引き上げ
② 定年制の廃止
③ 70 歳までの継続雇用制度（再雇用制度・勤務延長制度）の導入
　65 歳までの継続雇用はグループ企業における雇用も認められていたが、これに他の事業主によるものが加わった。再雇用制度と勤務延長制度の違いは、一度退職をし、新たな雇用契約をするかしないかなどの違いがあり、前者は労働条件が大きく変わることが多く、後者は変わらないことが多い（図表 1）。
④ 労働者が希望するときは、70 歳まで継続的に業務委託契約を締結する制度の導入
⑤ 労働者が希望するときは、70 歳まで継続的に以下の事業に従事できる制度の導入
　a.　事業主が自ら実施する社会貢献事業
　b.　事業主が委託、出資（資金提供）等する団体が行う社会貢献事業

　②は今迄と変わらず、①③は今迄の雇用確保措置の年齢を 70 歳迄にしたものである。④⑤は今回新たに加わった措置である。新たな④⑤の措置は、同一企業内だけに限らず、創業支援や他団体等への斡旋など幅広く活躍の場を提供するというものだ。多くの企業は、③を選択し、一部に④⑤を併用する方法を選択するように思われるが、現在努力義務となっているこの改正も将来的には義務化が予想されるため、企業は将来を見据えて準備を進める必要がある。

　シニアを取り巻く最近の社会制度の動向をみてきたが、年金、その他の公的給付制度及び雇用制度のどれをとっても、シニアが長く働くためのしくみが目白押しだ。シニアをいかに活かすかが、企業の課題となる。

図表 1　60 歳定年時の再雇用制度と勤務延長制度の一般的な違い

雇用形態	退職	新規契約	退職金	労働条件
再雇用	一度する	する	支給する	変わる
勤務延長	しない	しない	支給しない	変わらないことが多い

第 2 節　生産年齢人口、シニア人口の推移について

　生産年齢人口に占めるシニアの割合が小さい場合には、シニアの生産性がもたらす影響は小さいが、この割合が増加してくると無視ができなくなってくる。これから、1990 年前後に新卒で入社した多くのバブル世代の社員が、あと数年で 60 歳を迎えることになる。この世代の企業人員に占める割合は 20%前後ないしはそれ以上であり、企業人員のボリュームゾーンになっている。

総務省統計局による日本の総人口は 2021 年 11 月 1 日の確定値で 1 億 2544 万 3 千人、このうち生産年齢人口の 15 歳〜64 歳人口は 7445 万 8 千人、65 歳以上は 3622 万 4 千人、15 歳未満は 1476 万 2 千人となっている（図表 2）。

図表 2　2021 年の日本の人口構成（11 月 1 日現在）

区分	人口数	割合%
総人口	125,443 千人	100
15 歳〜64 歳	74,458 千人	59.4
65 歳以上	36,224 千人	28.9
15 歳未満	14,762 千人	11.7

図表 3　2065 年の日本の人口構成予想

区分	人口数	割合%	2021. 11. 1 対比増減
総人口	88,080 千人	100	▲37，363 千人
15 歳〜64 歳	45,290 千人	51.4	▲29，168 千人
65 歳以上	33,810 千人	38.4	▲2,414 千人
15 歳未満	8,980 千人	10.2	▲5,782 千人

　現時点での生産年齢人口の割合は 59.4%、65 歳以上人口の割合は 28.9%であるが、令和 2 年版高齢社会白書によれば、2029 年には総人口が 1 億 2,000 万人を割り、その後も減少を続け、2053 年には 1 億人を割る 9,924 万人となり、2065 年には総人口は 8,808 万人になると推計されている。2065 年の総人口は 2021 年対比、3,736 万人減少し、このなかでも 15 歳〜64 歳の生産年齢人口の減少数は 2,916 万人となかでも最多である。一方　65 歳以上人口の減少数は

241 万人で最少であり、15 歳未満人口の減少数は 578 万人となっている（図表 3）。なお 2065 年の出生数の推計は 56 万人となっている。

　生産年齢人口は 1995 年をピークに減少し、65 歳以上人口は増加を辿ってきている（図表 4）。今後も生産年齢人口は減少を続けるが、65 歳以上人口は 2050 年頃まで横ばいから緩やかな増加を続ける。生産年齢人口予備軍の年少人口は 1980 年あたりから減少が続いている。この図表をみると、2021 年 4 月施行の「高年齢者等の雇用の安定等に関する措置」の改正にて 70 歳までの就業確保措置が必要になる理由が理解できる。生産年齢人口を今の 15 歳〜64 歳から、15 歳〜69 歳にすることができれば、生産年齢人口の減少をなだらかにできる。

図表 4　我が国の人口構成の推移（出生中位（死亡中位）推計）

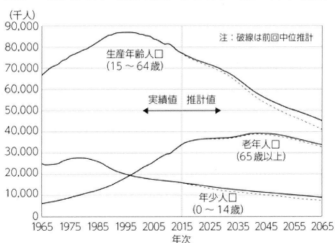

（出典）国立社会保障・人口問題研究所「日本の将来推計人口（平成 29 年推計）」

第3節　生産年齢人口減少の代替手段について

　生産年齢人口の減少を補う代替手段として、ダイバーシティがある。ダイバーシティとは、女性、外国人、シニアなどをはじめとする多様な人材の活用である。

1．女性活躍推進
　女性活躍推進法が 2015 年 9 月に交付、施行され、その後改正も行われ、女性が活躍できる職場の環境作りが進められている。育児や介護の理由で働けない女性の数は約 300 万人にのぼり、働く女性の多くは非正規社員として働いている。この育児や介護の理由で働けていない女性の労働市場への参加や、女性の労働力の質を高めていくことが現在の課題だ。

　男女共同参画局「男女共同参画白書　令和元年版」によれば、2018年現在の生産年齢人口のなかの就業率は男性が 84%、女性が約 70%である。実際の就業者数では男性が 3717 万人、女性が 2946 万人である。女性の就業率は、OECD 諸国 38 ケ国のなかでは第 16 位であり、加盟国平均の 60.1% を上回っている状況だ（2017 年データ）。育児介護休業法の改正や企業の女性登用などによる企業努力により、M字の谷は浅くなり、M 字カーブは明らかに改善がみられている（図表 5）。

図表 5　女性の年齢階級別労働力率

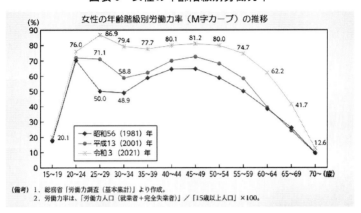

女性の年齢階級別労働力率（M字カーブ）の推移

(備考)　1.　総務省「労働力調査（基本集計）」より作成。
　　　　2.　労働力率は、「労働力人口（就業者＋完全失業者）」／「15歳以上人口」×100。

　では次に今後どれだけ女性の社会進出が進むかであるが、更に女性の社会進出が進み、男性並みの 84％まで女性が社会進出できたとしよう。その場合の女性の雇用者数は 3,535 万人となり、約 600 万人増えることになる。只 2040 年には生産年齢人口自体がここから 20％減少することが予想されており、この予想通りになれば、3,535 万人の女性雇用者数は 2,828 万人となり、今よりも減少してしまうのだ。

　OECD 諸国のなかで女性の就業率が 1 番高い国は、アイスランドで、就業率は 83.3％である。その次にスウェーデンやスイスが続くが、就業率は 80％に満たない。米国、フランス、イタリアの女性就業率は、日本を下回る。男性並みまで女性の就業率をあげるということは、アイスランドレベルまでに引き上げるということであり、その大変さが想像できる。しかし、女性の就業率の引き上げは、大変ではあるが、今後も継続的に取り組んでいく必要がある。もう一つの課題は女性労働力の質の問題である。総務省の令和元年調査によれば、日本の働く女性の非正規就業率は約 56％であり、その 8 割

はパートタイマー労働者である。女性の管理職比率は、2019 時点で米国やスウェーデンでは 40%を超えており、英国やフランスでは 35%近くなのに対し、日本はいまだ 8%台にある。2003 年に政府は女性の管理職比率を 2020 年までに 30%にする目標を立てたが、達成はできておらず、目標達成は 2020 年代の可能な限り早い段階へとリスケジュールされた。日本の女性労働力の特徴がパートタイマーを主体とした非正規労働者に偏るのは、家庭や子供の世話などを第 1 に考える女性や、あえて管理職を望まないというスタンスの女性も少なくないのである。2022 年 4 月からは、常時雇用する労働者女性が 101 人以上の事業主には、「一般事業主行動計画の策定・公表」に加え、「自社の女性活躍に関する情報の公表」が義務化された。公表する項目のなかには、女性の役員の比率、管理職の比率の開示がある。そのため、大企業では、女性が管理職になれるポスト作りや、役員枠の設定などをして対応しているが、これらポストは正規従業員からなるとすると、パートタイマーのような非正規従業員を家庭の事情等からあえて選択する女性が一定数を占めるなか、目標達成は簡単ではない。図表 6 は女性の就業率と正規雇用率である。就業率は M 字カーブが改善され上がってはきているが、正規雇用率は 20 代後半から下がり L 字が続いている。また管理職女性の 4 割〜5 割が未婚であると言われ、管理職を増やすことにより、人口減をさらに進めてしまうという心配もある。出産や育児を育児休業などでつなぎ、復帰後に正社員として雇用を継続して管理職へのキャリアを歩ませるのが理想だが、仕事と家事・育児の両立の負担や様々な価値観があることから、簡単ではない。仕事と家事・育児の両立がしやすいテレワークや時差出勤、フレックスタイムなど多様な働き方を更に進めていくことも必要である。

図表 6　女性の就業率と正規雇用率

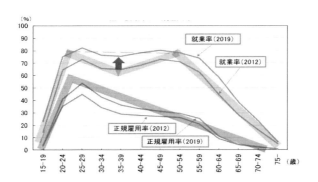

（備考）総務省「労働力調査（詳細集計）」により作成。人口に占める就業者又は正規労働者の割合。（内閣府「選択する未来2.0」内「女性の就業率と正規雇用率」より引用）

　なお女性の社会進出のために今、積極的に進めている男性の家事代行（男性育児休業等）は、男性の就業割合を下げることから、実質的に就業人口全体を引き上げることにはならない。また人手に余裕のある大企業は別として、多くの中小企業では男性労働者を数ヶ月から1年間現場から離脱させるのは大変なことである。

２．外国人雇用

　日本の人口減少を補ってくれるのが、外国からの労働者である。令和3年末の在留外国人数は276万人であり、この内、就業者数は173万人である。また日本政府が積極的に受け入れを表明している「専門的・技術的分野の外国人」は39万人である。外国人雇用を増やすには、外国人に日本の労働市場を選んでもらわなければならな

い。労働市場の人気度では、日本はスイス、アメリカ、カナダなどの上位国と差をつけられ 28 位に位置している(スイス IMD 調査)。長時間労働や、賃金の低さ、メンバーシップ型雇用形態など日本の雇用慣行が諸外国に比較して、魅力が劣るのである。外国人雇用を増やすには、労働条件や日本独特の雇用慣行を見直し、外国人が働きやすい労働環境を作ることが必要だ。一部の企業で導入が進みだしているジョブ型雇用もこの見直しの一つだ。「資格外活動」として働く留学生は、卒業後に日本で就職する者も多い。外国人留学生が日本国内で就職する割合は 2010 年度以降上昇が続いており、2019 年度では 36.9%である。近年の留学生からの新卒就職数は年 3 万人に上る。就職にあたり留学生は学生ビザから専門的・技術的分野にビザを切り替え、規定年数に達したところで永住者申請を行う。留学生の数が減少することは、将来の労働力を失うことに繋がる。働きやすい労働環境作りと日本の教育機関の受け入れ体制及びレベルの向上により、外国人が選択してくれる労働市場を作ることが必要である。海外から批判を受けている技能実習制度などは、早急にしくみを見直し、健全な受け入れ体制を作る必要がある。女性、外国人、シニア、障害者など多様な人材を活かし、その能力を最大限に発揮できる機会を提供し、イノベーションを起こすことがダイバーシティ経営である。多様な人材が参加しやすい労働環境作りを行い、日本の生産年齢人口の減少を補うことが必要だ。

第 4 節　定年制度について

1．日本の定年制度

　日本の定年制度は、19 世紀後半に始まったとされる。定年制度に

ついての最古の記録に明治 20 年（1887 年）制定の海軍火薬製造所の規定がある。この規定では、定年年齢を原則 55 歳に定め、熟練技術と身体強壮を有している者には雇用延長が認められた。この時代の平均寿命は 43 歳前後であり、ほぼ終身の雇用であった。今と年齢の違いはあるものの、定年制度や雇用延長制度はこの頃からあったのである。20 世紀に入ると、産業の発達や企業規模の拡大及び従業員数の増加が進み、定年制度の目的は退職管理の効率化や一定年齢で退職を強制するためのものに変わった。

　第二次世界大戦が始まると、徴兵制度による労働力の供給不足から、定年制度は一度途絶えることになる。第二次大戦後になると、労働運動の発展により力を増した労働組合が、企業に勤続年数や家族数などで賃金を決定する年功的平等主義や賃金総額の 80％を生活保障給で構成する生活給思想、同一産業労働者の生活保障を目指す電算型賃金体系などを企業に提案し、生産性に比例しない年功型や福祉型賃金の普及が進むことになる。さらに労働組合側から雇用保障としての定年制度が提案され、再び 55 歳定年制度が普及していく。終身雇用、年功序列、企業別組合という日本の雇用システム三種の神器はこうしてできあがった。

　1954 年の改正で厚生年金保険の男性の年金支給開始年齢が 55 歳から 60 歳へ引き上げられることになると、定年年齢の延長が次に労使間の交渉対象になっていく。1986 年制定の高年齢者雇用安定法では、定年年齢が 60 歳を下回らないことが初めて法律で努力義務化され、その後 1990 年には 65 歳までの継続雇用が努力義務化された。60 歳以上の定年年齢の定めは、1994 年の高年齢者雇用安定法の改正でついに義務化され、その後今日まで至っている。定年年齢が、60 歳以上に義務化されると、まずは 60 歳代前半の老齢厚生年金の

定額部分の支給開始年齢の引き上げが開始され、60歳以降の賃金が減少した際の所得補償を行う高年齢雇用継続給付の制度が開始された。2012年からは、老齢厚生年金の報酬比例部分の支給開始年齢が段階的に60歳から65歳へと引き上げられ、今は65歳への引き上げ段階の途中にある。2004年の高年齢者雇用安定法の改正において、事業主に65歳までの雇用確保措置として①定年年齢の引き上げ②継続雇用制度の導入③定年の定めの廃止のいずれかを定めることの改正が行われた。ほとんどの事業主は②の継続雇用制度の導入を選択し、当初は労使協定を締結することで、事業主は対象の労働者を一定の基準で絞ることができたが、2012年の改正で、希望者全員を65歳まで継続雇用することが義務化された。

　直近の2021年4月に施行された「高年齢者等の雇用の安定等に関する措置」の改正では、前述したように、この65歳までの雇用継続義務が70歳までに努力義務として見直しされることになった（図表7）。

図表7　日本の定年制度の歴史

年度	定年年齢	継続雇用	注釈
1887年	55歳	あり	海軍火薬製造所規定
1939年	中断	中断	第二次世界大戦徴兵制度による労働力不足
1945年	55歳	あり	戦後　定年制度復活
1986年	60歳	あり	定年年齢60歳以上の努力義務化
1990年	60歳	65歳	継続雇用65歳まで努力義務化
1994年	60歳	65歳	定年年齢60歳以上の義務化
2012年	60歳	65歳	希望者全員を継続雇用65歳まで義務化
2021年	60歳	70歳	継続雇用70歳まで努力義務化

２．世界の定年制度

　他国の定年制度はどうなっているのであろうか。アメリカは定年のない国である。この国は雇用の年齢差別が法律で禁止されており、警察官、外交官等一部の職業を除き定年の制度がない。勇退は自分の意思で行うようになっている。この他、カナダ・オーストラリア・ニュージーランドも定年制度を禁止している。ではいつ引退するのであろうか。大概の人は年金支給開始時期にあわせた勇退が多いようである。アメリカでは年金支給開始年齢が67歳であり、それにあわせて勇退するか、個人的な職業能力（弁護士、計理士、医師、教師等）を有する人はさらに70代半ばまで働く傾向があるようだ。オーストラリアの年金支給開始年齢は70歳であるため、60代ではまだ勇退しにくいようだ。

　日本に次いで高齢化率が高いドイツの定年年齢は65歳である。ドイツでは年金支給開始年齢を段階的に67歳に引き上げる途中にあり、これにあわせて定年年齢を引き上げる構想がある。2016年には、ドイツ中央銀行が「69歳定年制度」を提案している。

　新興国のフィリピンやマレーシアなどは、若い労働力人口に恵まれている国である。それでも経済成長のために人手を要し、フィリピンの老人人口はわずか5％台だが、若年者の指導や技術の承継などのため60代を積極的に活用している。企業の人件費の負担が増加しても働き続けてほしいとの考えから定年は65歳に定められている。使用者と従業員が合意すれば65歳を迎える前に退職することも可能だが、これは例外的な扱いになっている。老人人口が7％台のマレーシアでも、定年年齢の引き上げは企業の人件費の増加をもたらし、企業の成長を阻害するものだという意見も一部あるが、多く

の企業でベテランの知識・技術を積極的に活かしていこうということから定年延長を受け入れている。

　人手が必要な新興国は、年齢に関係なく働ける人材を最大限に活かしており、見習うところがある。

第5節　健康寿命と知能について

　日本人の平均寿命は 1950 年代頃の 60 歳から、2021 年には男性 81.47 歳、女性 87.57 歳まで延び、健康で生活ができる健康寿命は、男性が 72.7 歳、女性が 75.4 歳となっている。平均寿命、健康寿命ともに年々伸びており、現在 60 歳の人の 4 分の 1 が 90 歳近くまで長生きするとも言われる。長く働くためには、健康寿命を伸ばすことが必要である。加齢とともに体力の機能は衰えていくが、運動や生活習慣の見直し等で体力の衰えは先に延ばすことができる。また健康経営に取り組む企業は年々増加し、生活習慣病の予防対策や運動イベントの開催など、社員の健康作りの対策も行われている。

　加齢に伴い、体力だけでなく、知力も変化していく。知力は加齢に伴いどのように変化していくのであろうか。

　知力のベースとなる知能には図表 8 のとおり、流動性知能と結晶性知能がある。流動性知能とは、新しい情報を獲得し、それをスピーディーに処理・加工・操作する知能で、暗記力・計算力・直感力などが該当し、25 歳ごろにピークとなり、65 歳前後で低下がみられる。一方、結晶性知能とは、経験や学習などから獲得していく知能であり、洞察力や理解力、批判や創造能力といったものである。結晶性知能は、経験や学習によって 20 歳以降も上昇を続け、高齢になっても安定している知能である。流動性知能は加齢に伴い衰えが見られ

るものの、これも訓練である程度はカバーができる。今までの経験や学習から獲得した結晶性知能は若手にないシニアの強みであり、これを活かさない手はない。

図表 8 : 流動性知能と結晶知能

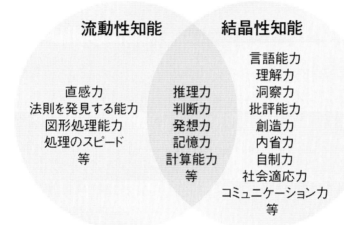

出典：佐藤眞一「結晶知能」革命小学館（2006）

第 6 節　シニアの就労意欲と金融資産について

1．シニアの就労意欲

　シニアの就労に対する意欲はどうなのであろうか。内閣府「高齢者の生活と意識調査」令和 2 年度では、収入の伴う仕事をしたい、続けたいと回答をしたシニアの割合は、60 歳〜64 歳で 73.3%、65 歳〜69 歳で 51.0%、70 歳〜74 歳で 42.5%となっている。70 歳未

満では過半数のシニアが働く意欲を示している。国外では、収入の伴う仕事をしたい、続けたいと回答をしたシニアの割合は、アメリカでは60歳～64歳で59.3%、65歳～69歳で35.4%、70歳～74歳で23.9%であり、65歳以上で減少が大きくなる。ドイツでは、60歳～64歳で62.3%、65歳～69歳で23.4%、70歳～74歳で21.6%であり、こちらも65歳以上で減少が大きくなる（図表9）。

図表9　シニアの就労意欲　（年代別）　%

国別	年代別	収入の伴う仕事をしたい	収入の伴う仕事をしたくない	無回答
日本	60～64歳	73.3	22.6	4.1
	65～69歳	51.0	43.7	5.3
	70～74歳	42.5	49.5	8.1
米国	60～64歳	59.3	38.6	2.1
	65～69歳	35.4	59.8	4.8
	70～74歳	23.9	73.2	2.9
ドイツ	60～64歳	62.3	36.2	1.5
	65～69歳	23.4	74.2	2.4
	70～74歳	21.6	78.4	―

次に就労の継続を希望する理由としては、経済的理由（収入がほしいから）と回答したシニアは60歳～64歳で67.1%、65歳～69歳で54.5%、70歳～74歳で46.2%となっている。国外では同じ質問に対し、経済的理由と回答したのは、アメリカでは60歳～64歳で39.3%、65歳～69歳で28.4%、70歳～74歳で26.0%、ドイツ

では 60 歳〜64 歳で 43.7%、65 歳〜69 歳で 22.4%、70 歳〜74 歳で 27.3%となっており、日本の経済的理由の割合が高い。一方　アメリカ、ドイツは仕事そのものが面白い、活力になるからという仕事への関心に対する回答が日本よりも高い。日本のシニアは経済的理由で働くものの、仕事自体に対する満足度は高くないようである。70 歳を超えると、働く理由が体によい、老化を防ぐことができるなどの健康を理由とする回答が高くなるのは世界共通である（図表 10）。また、就労したくない理由では、働くことがきつい、健康的な理由でが 50%を超えている。

図表 10　就労の継続を希望する理由（年代別）%

国別	年代別	収入がほしいから	仕事そのものが面白い、活力になる	仕事を通じて友人や仲間を得れるから	働くのは体に良いから、老化を防ぐから	その他無回答
日本	60〜64 歳	67.1	11.2	6.3	12.6	2.8
	65〜69 歳	54.5	17.5	3.9	21.4	2.7
	70〜74 歳	46.2	16.5	5.7	28.5	3.2
米国	60〜64 歳	39.3	27.7	-	22.3	10.7
	65〜69 歳	28.4	42.0	-	22.2	7.4
	70〜74 歳	26.0	30.0	6.0	26.0	12.0
ドイツ	60〜64 歳	43.7	34.7	-	18.6	3.0
	65〜69 歳	22.4	61.2	2.0	12.2	2.0
	70〜74 歳	27.3	54.5	-	13.6	4.5

2．シニアの金融資産

　日本の場合、経済的理由で働くシニアが多いが、シニア世帯の金融資産保有額を図表 11 にまとめてみた。60 代世帯の平均金融資産保有額は 2203 万円であり、中央値は 1200 万円である。なお平均値 2203 万円は 3000 万円以上の高貯蓄者に引っ張られており、ここでは、500 万円未満が 22.7％、1500 万円未満が全体の 50％を占めていることに注目しなければならない。また 70 代の平均金融資産保有額は 1978 万円であり、中央値は 1100 万円である。500 万円未満が 22.2％、1500 万円未満が全体の 52.3％を占める。60 代、70 代の半分のシニアの金融資産保有額が 1500 万円未満であり、年金だけでは生活ができないなか、貯蓄の取り崩しを強いられることとなり、働く理由の 1 番が経済的理由であることがわかる。

図表 11　シニア世帯の金融資産保有状況　　　　%

世帯主年齢	500万円未満	500〜1000万未満	1000〜1500万円未満	1500〜2000万円未満	2000〜3000万円未満	3000万円以上	無回答	平均万円	中央値万円
60歳代	22.7	14.5	12.8	7.5	11.9	20.2	10.4	2203	1200
70歳代	22.2	18.2	11.9	8.8	12.3	16.1	10.5	1978	1100

（備考）家計の金融行動に関する世論調査令和 2 年より作成

第 7 節　シニアのモチベーション向上施策について

　シニアのモチベーション向上につながる人事施策について、企業に勤務する正社員を対象としたアンケートをみると（図表 12）、男女ともに共通して高いのは、「賃金の改善」であり 6 割強になっている。女性は「勤務時間や働き方の選択肢を増やす」が「賃金の改善」と同程度である。賃金への要望が高いのは日本の再雇用制度に理由がある。「高年齢者雇用安定法」の改正で事業主には①定年年齢の引き上げ②継続雇用制度の導入③定年の定めの廃止のいずれかの選択が義務付けられたが、大半の企業は 65 歳までの継続雇用制度のなかの再雇用制度を選択している。再雇用制度とは一度 60 歳で定年退職し、新しい労働契約を結びなおす制度である。1 年ごとの有期雇用契約が普通であり、定年前と比べた給与の水準は 60 歳定年前の月給を 100%とすると平均 78%程度となり、賞与の支給がなかったシニ

図表 12　60 歳以降に働く場合のモチベーションアップに繋がる会社対応 %

項目	男性	女性
賃金の改善	67.6	61.8
勤務時間や働き方の選択肢を増やす	48.0	61.9
定年年齢の引き上げ	35.1	33.0
健康管理への支援	28.4	36.9
何らかの形で働ける年齢上限の引き上げ	23.8	26.3

（備考）65 歳定年時代における高齢社員の人事管理研究員会調査

アでは 25%程度に減少する場合もある。これでは、モチベーション
を定年前と同様に維持していくには無理がある。更にこれからは給
与と併給されていた在職老齢年金の支給も段階的になくなるのであ
る。再雇用後の仕事の内容はどうであろうか。労働政策研究・研修
機構が従業員 50 人以上の 2 万社に行った調査では、仕事内容が、定
年前と同じシニアが 44%、定年前と同じだが責任の重さが軽いと回
答したシニアが 38%であり、8 割超のシニアが定年前とほぼ同じ仕
事をしているのである。働く現場では、元部下と元上司との地位の
逆転現象が生じ、ポストを取り除かれた元上司が担当者となり、元
部下の上司と机を並べ仕事をするのである。ポストに就いていな
かったシニアは、給与の減少額も少なく、引き続き同環境で仕事を
することに抵抗感は少ないかもしれないが、管理職ポストに就いて
いたシニアには耐えられない者も出てくる。能力、実績のある者ほ
ど、この環境に耐えられずに 60 歳代前半で企業を辞めてしまう。再
雇用制度で給与が下がる理由の一つに日本企業特有のメンバーシッ
プ型雇用のしくみがある。メンバーシップ型雇用とは、終身雇用を
前提に総合職を新卒一括採用する日本独特のシステムである。企業
は、能力やスキルよりも、人間性やポテンシャルを重視して新卒者
を一括採用し、採用後は合同研修や OJT などで教育を行い、定期的
な配置転換によってキャリアアップを図らせていくものである。報
酬のしくみは年齢や勤続年数に応じて給与が上がる年功序列制度の
しくみをとることが多い。この結果、キャリアアップし、年功によっ
て給与が上がっている 50 歳代のプレシニアの給与は、定年前にはシ
ニア個人のパフォーマンス以上の給与となっており、定年を機会に
見直しされたものが、再雇用後の給与というものだ。ただ再雇用後
の給与テーブルは、簡単で一律なものが多く、シニアの能力や実績、

今後の貢献度などに応じて作成されているものは少なく、65歳までの雇用責任を負った企業が、シニアを福祉的雇用の対象とし、生活を維持するのに最低限必要な給与水準で雇い直すものが多い。シニアの活躍については、それほど期待していないという内容のもので、これまでのキャリアを一瞬で否定された気持ちになるシニアも多いことであろう。しかしこれからは、生産年齢人口が減少し、シニアが増えていくなか、従来の再雇用制度のようなしくみでは、モチベーションを下げたシニアが量産され、企業の競争力を削ぐことになる。シニアを活かす制度作りが急がれる。

第8節　シニアの人事制度について

　増えるシニアに対し、今の再雇用制度は、実力のあるシニアのモチベーションを下げ、退職や転職に導くことになる。一方、企業としては、雇用継続したくないシニアも65歳まで雇用しなくてはならないという事情もある。65歳までの定年延長は、全てのシニアを定年延長させることで、シニアの人件費が上がり、総人件費の配分の見直しが生じるなどの理由で、導入に慎重な企業も多いであろう。定年制度の撤廃は、退職の計画性がなくなり、退職の際の交渉や社員側からの退職は自己都合退職となり、失業給付で不利になるなどの問題がある。そこで、提案としては、継続雇用制度の内の、勤務延長制度と今の再雇用制度を残す併用型運用だ。勤務延長制度または再雇用制度のどちらを選択するかは本人の希望や過去の人事評価及び今後の貢献期待度から決定する。思う存分フルタイムでパフォーマンスを発揮できるシニアには、勤務延長制度を、週5日勤務だが、働くペースを抑えて働きたいシニアや、フルタイムでない

働き方を希望するシニアなどには、再雇用制度をあてはめる。企業とシニアが面談し、実力や希望にあわせてコースを決めていく。勤務延長制度では、60 歳から 65 歳の範囲で選択定年制度を入れる。勤務延長制度から再雇用制度に移ることも可能とする。シニアに納得感のある基準作りや説明が必要となる。勤務延長をする場合の退職金の積立期間や金額、支払い時期などは各企業の財務状況等なども勘案して決定していく。65 歳から 70 歳への雇用期間延長が努力義務化されたが、まずは 65 歳までの制度設計を整え、成果を検証しながら次の延長に向けてステップを進めていくことが良いのではないか。参考になる事例では、勤務延長制度では、7000 名のプロエンジニアを抱える株式会社メイテックは、定年を 60 歳に定めているが、エンジニアの顧客との契約が継続している限り、エンジニアの勤務延長を可能とし「生涯プロエンジニア」としての働き方にこだわりを持ち、9 割のエンジニアが勤務延長をしているという。選択定年制度の事例では、株式会社コマツでは、一般社員は 60 歳または 65 歳、管理職は 60 歳または 62 歳から定年を選択できる制度を導入している。管理職であれば 62 歳まで管理職の肩書をもち活躍できる。社内体制が既に進み、70 歳定年をこれから計画している企業には、70 歳まで働ける職場作りにいち早く取り組んだ太陽生命や、明治安田生命の事例などが参考になる。これら事例などを参考に、自社にあった制度作りを行っていくことがよいであろう。制度作りにあたり、自社内で難しい場合には、人事労務を専門とする中小企業診断士や社会保険労務士の力を借りて進めるのもよいであろう。

最後に

　今から四半世紀前　まだ中国が労働集約型産業が中心で、世界の下請工場と言われていた頃、日本の定年を迎えた技術者が中国企業に高給で迎え入れられ、中国に日本の技術が流れるニュースをよく目にした。あれから四半世紀が過ぎ、中国企業は技術力を身につけ、GDP で米国を抜く日も遠くなくなっている。定年再雇用という制度のなかで、物足りなさから技術を有するシニアのノウハウが海外に流出したり、企業内でその能力を十分に発揮できずに埋もれてしまうことは大きな損失だ。生産年齢人口が減少していくなか、改めて経験や知見を有するシニア達の力を引き出し、元気な 1 億総活躍社会の実現を切望する。

参考文献

・今野浩一郎　「高齢社会の人事管理」中央経済社　2014 年
・石黒太郎　　「失敗しない定年延長」光文社新書　2020 年
・川嶋英明　　「定年後再雇用者の同一労働同一賃金と 70 歳雇用等への対応実務」日本法令　2021 年
・川島明子　　「中高年男性の働き方の未来」金融財政事情研究会 2022 年
・海老原嗣生　「人事の企み」日経 BP　2022 年
・福井佑理　　「はじめての外国人雇用」労務行政　2019 年

第8章　外国人労働者の評価と育成

第1節　はじめに

1．問題と背景

　私はアジアやアフリカにおける 20 年以上の海外での職務経験から、外国人の有効活用の重要さと難しさ、そして特に人事評価についての難しさを強く感じていた。

　そのことは、現在中小企業の支援業務を行い、企業が抱える問題に触れるにあたり、日本国内では、さらに顕著であると感じている。

　このような環境の下、資源の制限がある中小企業が如何に外国人労働者に対し満足度を向上させる体制が作れるのか、そのために必要ではあるが、中小企業にとってなかなか整備が進んでいない評価制度について一つの提案を行い、少しでも外国人労務管理のお役に立てればと考えた。

2．結論

　政府が職業能力開発の支援ツールとして始めたジョブカードシステムの一部を、中小企業の外国人労働者の人事評価のツールとして活用することは、その実行性と実効性において意義があると考える。

3．考察の方法

　今回は以下の流れで、ジョブカードシステムが外国人労働者の人

事評価のツールとして活用できることを考察した。

①　まず、日本における外国人労働者の現況と課題について確認を行った。

②　次に、日本企業で働く外国人労働者の満足度について、さらに外国人労働者は企業が行う評価をどの程度重要に考えているのかを確認した。また、中小企業は自社の労働者の評価制度について、どの程度しっかりと行っていると理解しているかについて、調査資料を利用して確認をした。そして、その結果しての定着率へ影響と人材の交換にかかる企業へのインパクトを調査した。

③　次に評価制度が不十分である中小企業にとって、導入しやすい評価システムはどのようなものか政府の紹介事例や文献によって調査した。

④　続いて、導入しやすい評価システムとしてジョブカードシステムをあげ、企業内で活用できるものかを資料および関係者への聞き取りにより調査した。

⑤　そして、今回の考察により見えてきたジョブカードシステムを活用する上での課題について提示した。

第２節　日本における外国人労働者の現況と課題

１．我が国の外国人労働者

　令和３年１０月末現在での厚生労働省の「外国人雇用状況」の届け出によると　外国人労働者数は 1,727,221 人（前年 1,724,328 人）。前年比で 2,893 人増加し、届出が義務化されて以降、最高を更新したが、対前年増加率は 0.2％と、前年の 4.0％から 3.8 ポイントに減少している。

　国籍別では、ベトナムが最も多く 453,344 人（全体の 26.2%）。次いで中国 397,084 人（同 23.0%）、フィリピン 191,083 人（同 11.1%）の順。

　在留資格別の対前年増加率をみると、「特定活動」が 44.7%、「専門的・技術的分野の在留資格」が 9.7%、「身分に基づく在留資格」が 6.2%であった一方、「技能実習」が-12.6%、「資格外活動」のうち「留学」が-12.7%であった。

在留資格別外国人労働者の推移　単位：千人

出典：厚生労働省「外国人雇用状況の届出状況」（各年 10月末現在）

注1：「専門的・技術的分野の在留資格」とは、就労目的で在留が認められるものであり、経営者、技術者、研究者、外国料理の調理師、特定技能者が該当する。

注2：「身分に基づく在留資格」とは、我が国において有する身分又は地位に基づくものであり、永住者、日本人等が該当する。

注3：「特定活動」とは、法務大臣が個々の外国人について特に指定する活動を行うものである。

注4：「資格外活動」とは、本来の在留目的である活動以外に、就労活動を行うもの（原則週28時間以内）であり、留学生のアルバイト等が該当する。

出所　厚生労働省「外国人雇用状況」の届出状況【概要版】
（令和 3 年 10 月末現在）より

　コロナの影響で新たな入国者が減少したことから、増加率は以前より大きく下がった。しかしながら、相変わらず外国人労働者は日本において重要な労働力の要素となっている。

２．我が国の外国人労働者に関する基本的な考え

　法務省の出入国在留管理基本計画によると、専門的分野とそうではない労働向けの外国人労働者とでは基本的な考え方が異なる。

　いわゆる高度人材ではない労働者は、必ずしも積極的な受け入れを行う考えではない。

　しかしながら、その内容の改善が検討されている技能実習生をはじめ、多くの外国人労働者が日本の人手不足対策として利用されていることは、実際に雇用している企業はもちろんのこと、日本の国民の認識として周知のことである。

現在の基本的な考え方

専門的・技術的
分野の外国人 →

積極的に受入れ

・我が国の経済社会の活性化や一層の国際化を図る観点から、専門的・技術的分野の外国人労働者の受入れをより積極的に推進（第9次雇用対策基本計画（閣議決定））
・我が国の経済社会の活性化に資する専門的・技術的分野の外国人については、積極的に受け入れていく必要があり、引き続き、在留資格の決定に係る運用の明確化や手続負担の軽減により、円滑な受入れを図っていく。（出入国在留管理基本計画（法務省））

上記以外の
分野の外国人 →

様々な検討を要する

・我が国の経済社会と国民生活に多大な影響を及ぼすこと等から、国民のコンセンサスを踏まえつつ、十分慎重に対応（第9次雇用対策基本計画（閣議決定））
・いずれにしても、今後の外国人の受入れについては、諸外国の制度や状況について把握し、国民の声を積極的に聴取することとあわせ、人手不足への対処を目的として創設された在留資格「特定技能」の運用状況等も踏まえつつ、政府全体で幅広い検討を行っていく必要がある。（出入国在留管理基本計画（法務省））

　出所　出入国在留管理庁　新たな外国人材の受入れ及び共生社会実現に向

けた取組（令和４年７月更新）

３．外国人労働者に対する課題

　技能実習生の制度と実態が乖離しており、本来、技能の習得と母

国での活用という主旨であるところ、企業内では人手不足の補完として使われており、さらに労働者としての権利保護が不十分であるため、さまざまな問題が発生している。

　政府は新たな在留資格である、特定技能制度を導入し、人手不足の解決の一つとした。特定技能2号に認定されれば、家族を帯同し事実上無期限に日本に滞在できる。海外からはこの制度は事実上の移民政策と認識されている。

　技能実習生とは違い、同業種であれば転職が可能である特定技能制度は、制限があるものの日本人と同様の就労条件となる。

　そのことは、労働者が企業を比較することにつながり、少子化による人手不足が加速する中、今まで以上に各企業は外国人労働者の満足度を高めて労働者として利用する必要が増してくることになる。

　本稿では、日本で働く外国人労働者の評価について考察している。それは外国人労働者にとっては、自分が受ける評価は、日本人のそれよりも重要視している。つまり、気にしていると考えたからである。まず、終身雇用の要素が今も根強い日本企業で働く日本人に比べて、外国人は母国の慣習による経験から、そもそも評価を気にしていること。次に海外から不安な気持ちを抱えて、日本に働きに来ている外国人は、常に離職による生活への不安を感じているということ。このことはキャリアプランの提示の重要性も表している。次に職場において彼らにとっては外人である我々に何か尋ねることは、日本人が話すことよりもずっとハードルが高く、その意味でもまず、不満よりも不安が増幅される。最後に、日本人にとっては、当たり前のことが外国人にとってはそうではないことが多いことも不安を招くことになる原因である。例えばはハローワークの求人募集の内容を見て応募し採用された外国人が、募集要項の給与額と実際の給

与が違うということを訴えてくる。これは募集要項には、当然、基本給額などいわゆる額面金額が明示されているが、手取りはそこから税や社会保険料など我々の常識では控除されて当然のものが差し引かれて振り込まれる。このようなことも外国人にとっては不満よりまず大変不安なこととして感じていると推察する。また、これは評価内容とは直接関係はしないが、分かりやすく理解してもらえる人事評価の実施とその説明は労働に対する対価の根拠として、外国人労働者の不安を少しでも取り除き、不満に発展させることを減らすことになると考える。

第3節 日本企業における外国人労働者の満足度の概要と課題

1．外国人労働者の満足度

厚生労働者の「外国人雇用状況報告」（平成 18 年）によると外国人労働者の離職率は 44.5％であり、就労資格や雇用形態の違いによる要因もあるため単純な比較はできないが、日本全体の 16.2％と比較し大幅に高い。

単位：人、%

外国人労働者		入職		離職		入職超過	
(1)人数	構成比	(2)人数	入職率 ((2)/(1))	(3)人数	離職率 ((3)/(1))	(4)人数 (2)-(3)	入職超過率 ((4)/(1))
222,929	100.0	136,643	61.3	99,125	44.5	37,518	16.8
(198,380)	(100.0)	(121,868)	(61.4)	(93,180)	(47.0)	(28,688)	(14.5)

外国人労働者
の離職率
44.5%

出所 厚生労働省 外国人雇用状況報告（平成18年6月1日現在）

　また、経済産業省の「通商白書」(2017 年)によると、外国人労働者が中小企業に改善を求めるものには、昇進・昇格の機会、仕事内容の明確化、能力・成果に応じた評価についての要望が多い。

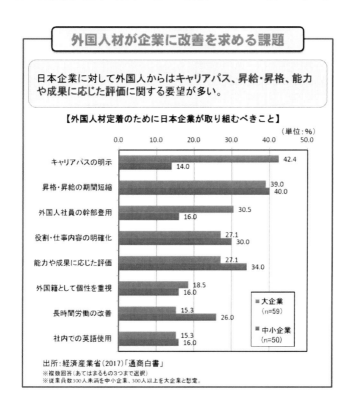

この調査資料により私は、中小企業で働く外国人労働者は自身の評価および評価による昇進・昇格について多くの不満をもっており、それらが高い離職率のひとつの大きな要因になっていると推察した。

2．中小企業の人事評価制度の現状

　厚生労働省の「雇用管理調査」（2002 年）によると、特に従業員100 人未満の中小企業での人事評価制度の導入状況において、すでに制度がある企業の割合は 39.4％であり非常に低い。

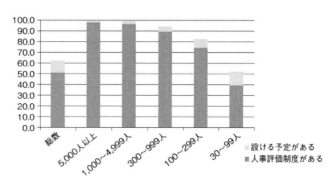

出所　厚生労働省　（2002）「雇用管理調査」

　このことにより私は、中小企業では、外国人が求める適正な評価を行う基礎となる評価制度の整備そのものが不十分であり、このことが外国人労働者の離職リスクが高くなる要因の一つであると考えた。

3．人員の定着率低下による企業への影響

　人材が硬直することは必ずしも良いこととは言えないが、必要以上の離職による影響は採用を担当する人事部署のみならず、当然離職者の部署や企業全体へも影響を及ぼす。

　離職者が及ぼす企業への損失について、間接費も入れた入れ替えコストは年収の 50％にも及ぶとも言われている。

　さらに、当然のことながら、後任者の技能が担保されているわけではないため、実際の社員の入れ替えは、少なくとも一定期間の生産性の低下は避けられず、入れ替え部署のみならず、間接部門の採用後の手間も一定期間発生すると推察する。

　これらのことは、人員数の不安定をまねき企業の中長期の経営計画にも影響を及ぼすと考えられる。

　また、離職により特に重要な人材を失うことは、企業の将来にも影響を与える。退職慰留は企業にとって大変労力のかかるものであるが、退職意向の社員が優秀であることは珍しくない。

　これらのことから、社員の離職は人事部署のみならず企業全体に影響し直接・間接的に損失を与えていることが言える。また離職の意思を表した社員の慰留は大変困難であると言え、意思を表明する前に対応を行う必要があると考える。これらのことから、離職リスクの低減は企業にとって重要な課題の一つと言える。

　そして、外国人労働者の離職による影響は、雇用にかかる費用や入れ替え時の教育などの手間など、日本人のそれよりも大きいことは容易に推測される。

第4節　中小企業にとって外国人労働者にも活用できる評価制度の先行事例

1．政府の資料による企業の成功事例の紹介内容

　1−1，厚生労働省は、「外国人雇用対策に関する実態調査」（平成29年）による、「高度外国人材にとって雇用改善に役立つ好事例集」を公開している。

　全15例のうち、評価制度そのものについての事例は一件のみであ

り、昇給が遅いという不満に対してキャリアプランを丁寧に説明することで解決を図る方法についての事例であった。

　この事例について私は、評価制度そのものの工夫による内容ではないこと、事例の企業は従業員数約 2,500 人の大企業でのケースでもあることから、今回の調査の目的である中小企業での外国人労働者の評価制度として直接参考になる内容ではないと考える。

　1－2，また、経済産業省は、外国人材を始め多様な人材の能力を活用することにより、中長期的に企業価値を生み出し続ける企業の取組を促すため、「ダイバーシティ 2.0 行動ガイドライン」（平成 29 年）を発表しており、ガイドラインに沿った取組を推進する企業を「100 選プライム」として選定し公表することで、ベストプラクティスを発信し、ダイバーシティ経営の普及を図っている。

　　このなかで、平成 25 年、27 年、28 年には外国人労働者についての企業の事例があり、そのうちの一つに平成 28 年に外国人への評価についての事例が見られた。

　この企業の事例では、外国人社員にも、日本人と同等の待遇、業務、研修機会を提供し育成すること、業務上以外にも生活に関連する業務外のサポートのため多言語マニュアルを作成したこと、人事部署に外国人を配属することがあげられている。

　この事例について私は、日本人と差別しないことが目的であり、外国人労働者のための特別な内容ではなく、対象も高度人材であると感じた。また、多言語対応はあくまで手段に過ぎず、ここでは人事部に外国人を配属する事例も見られたが、この事例のまま中小企業が導入するにはハードルが高く、また高度人材以外の労働者に対応する体制が必要であると考えた。

　つまり、高度人材向けには、日本人ホワイトカラーと同じような

評価方法をすることが効果的であると理解した。しかしながら、高度ではない外国人労働者への評価制度の良い事例が見当たらない。

２．文献による先行研究

　２－１, 上林千恵子[2015]『外国人労働者受け入れと日本社会』東京大学出版会　では、技能実習制度の問題点について多くの調査結果が提示されている。

　このなかでの調査によると技能実習生の日本での技能向上の自覚の有無では、42％が本国と変わらず、18％が本国よりレベルの低い仕事をしていると答えている（上林 [2015]p.175）。

　また、事実上短期的な臨時労働力として位置づけられている外国人労働者に対し、特に単純労働を主体とした外国人労働者職種という新しいカテゴリーの形成の説明があった（上林 [2015]p.71-72）。

　これらのことにより私は、技能の習得と本国への移転を目的とした技能実習制度が、単に日本人の仕事の隙間で人手不足の部分を補填する機能しか果たさず近代的な労使関係を覆い隠し、技能実習生や外国人単純工の業務内容や生活環境が良好な状態ではないことを推察した。

　また私は、企業にとって、外国人労働者に対する人事評価制度を考える対象は高度人材が主体であり、単純工、技能工に対する評価という概念が希薄であると考えた。

　２－２, 次に早川智津子[2020]『外国人労働者と法』信山社　では、外国人労働者の法政策においての入管法と労働法の調整のあり方について検討されている。

　様々な観点での考察がされており、マスコミでは事実上移民政策とも言われる特定技能制度についても興味深い説明があった。

そのなかで技能修得の支援の必要性、技能実習 2 号から特定技能
1 号への移行者の技能修得のステップを日本人と同じ評価基準で見
ていくことが可能であること、その評価基準により技能レベルに応
じた処遇の改善に役立てること、建設業分野では国土交通省が推進
している建設キャリアアップシステムが国内労働者だけではなく、
特定技能外国人や技能実習生等の技能と処遇を客観的にみることが
できるツールであること、厚生労働省所管のジョブカードシステム
が建設業以外の特定技能外国人の受入れで活用することが有効と考
えることなど、単純工、技能工の人事評価について参考となる記載
があった（早川 [2020]p.159-160）。

　これらの記載は私にとって、中小企業が如何に制限のある資源を
活用して外国人労働者の人事評価制度を構築するかを検討するにあ
たり、大変参考になるものであり、ジョブカードの活用を検討する
きっかけとなった。

３．建設業におけるキャリアアップシステムの活用

　建設業は、今まで多くの技能実習生が労働力として利用されてお
り、特定技能で指定されている特定産業の１４分野の一つでもある。
つまり典型的な人手不足対策の外国人の活用業種である。

　建設業では、その業態の特色から１年に満たない短期での就労場
所（工事現場）の移動や多くの専門職種がある。

　これらを管理し技能者の資格や現場での就業履歴等を登録・蓄積し、
技能・経験が客観的に評価され、技能者の適切な処遇につなげる仕組
みとして建設キャリアアップシステムが政府主導で行われている。

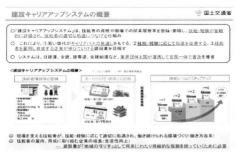

出所　国土交通省　建設分野における外国人材の受入れ

当システムは特定技能などの外国人労働者にも適用され、外国人労働者を雇用する企業や雇用される労働者は当システムへの登録が義務になっている。

出所　国土交通省　建設分野における外国人材の受入れ

第5節　ジョブカードの中小企業における人事評価への活用の検討

1．ジョブカードの活用を提案する理由

　1－1、他に事例の見られない、高度人材ではない外国人労働者向けの評価方法としての活用が可能であると考える。

　特にそもそもフォームは設定されているので、中小企業にとっても大きな負担にならない。

　1－2，建設キャリアアップシステムは外国人労働者へも適用されており、ジョブカードも類似した政府主導のシステムである。

2．ジョブカードの概要と企業内での活用の現状

　2－1，厚生労働省のジョブカード制度総合サイトによると、ジョブカードとは、『「生涯を通じたキャリア・プランニング」及び「職業能力証明」の機能を担うツールであり、個人のキャリアアップや、多様な人材の円滑な就職等を促進するため、労働市場インフラとして、キャリアコンサルティング等の個人への相談支援のもと、求職活動、職業能力開発などの各場面において活用するものです。』とある。

　ジョブカードシステムの概要として、個々の労働者の状況に応じた職業能力開発や多様な人材の必要な分野への円滑な就職の支援等のために、生涯を通じたキャリア・プランニングのツール、円滑な就職等のための職業能力証明のツールを用意し、生涯を通じての活用を目的としている。

出所　厚生労働省　ジョブカード制度総合サイト

　また、用途に応じ、個人のキャリアプランを考えるためのシートや訓練や実務の成果を証明する職業能力証明シートなど様々なシートにより構成されている。

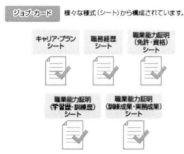

出所　厚生労働省　ジョブカード制度総合サイト

私は、そもそもジョブカードシステムは企業内よりも、企業を超えたキャリアアップを目的としたシステムであると理解した。そこで企業内での人事評価ツールとしての活用を検討するために、次に企業内での活用の状況を調査した。

　独立行政法人労働政策研究・研修機構編[2020]「ジョブカードを活用したキャリアコンサルティング」『JILPT 資料シリーズNo.226』の調査によると、ジョブカードにかかわりをもって活動をしている複数のキャリアコンサルタントからの意見が多数提示されており、少数ではあるが、企業内での活用に関する意見もあった。

　それによると、企業内で活用する場合、ジョブカードを主旨のとおり活用するには、会社側と労働者側の両方にとって負担が大きく難易度も高いこと、また従業員の転職を促す結果になるとのことにより、経営者から敬遠されること、社内の人事評価にそのまま利用するには項目が粗いことなど、総じて否定的な意見が多くみられたが、その一方でキャリアコンサルタントの働きがけでジョブカードを使った評価制度作りに前向きに取り組んだ中小企業についての記載もあった(独立行政法人労働政策研究・研修機構編[2020]p.15-16,21-22,100-102)。

　このことにより私は、日本人労働者に対してもハードルが高いジョブカードシステムをそのまま外国人を対象に導入することは、大変困難であり、効率が悪いと考えた。また、労働者の離職の増加を避けるためにも、外国人向けにジョブカードをそのまま利用するのではなく、使える部分を使える場面で活用することで、ハードルを下げ、効果的な導入を前提として、その可能性の検証を行うこととした。

2-2，外国人労働者の人事評価のためのジョブカード活用方法の検討

以下、ジョブカードのシステムをどのように外国人労働者の人事評価制度として活用するかについて私の検討内容を示す。

ジョブカードには、いくつかの種類のシートがあるが、外国人労働者の企業内評価に活用するためには、キャリア・プランシートと職務能力証明（訓練成果・実務成果）シートのみを使用する。

キャリア・プランシートは、本人の価値観や興味、関心事、これから取り組みたいこと、将来の働き方の希望などが記入項目であるが、このシートの利用により外国人とのコミュニケーションの困難さを低下させ、外国人が希望していること、問題だと思っていることを把握する資料として活用することを考える。

キャリア・プランシート例

出所　厚生労働省　ジョブカード制度総合サイト

職務能力証明（訓練成果・実務成果）のうち、業種ごとに設定されている判定目安表（評価ガイドライン）を活用する。全員に共通する「職務遂行のための基本的能力」シートや「技能・技術に関する能力」シートでは、社会人としての常識や姿勢などを項目ごとに評価し、業種ごとに設定されている「専門的事項」シートでは、具体的な業務上の能力について評価する。

この職務能力証明（訓練成果・実務成果）の判定目安表（評価ガイドライン）の活用が、高度人材ではない外国人労働者の人事評価のツールとなると考える。

職務能力証明（訓練成果・実務成果）の一部例

判定目安表（評価ガイドライン）『施設介護サービス』

Ⅱ 職務遂行のための 基本的能力
A：常にできている　B：大体できている　C：評価しない

能力ユニット		職務遂行のための基準	判定ガイドラ	
			A	B
働く意識と取組（自らの職業意識・勤労観を持ち職務に取り組む能力）	(1)	法令や職場のルール、慣行などを遵守している。	○ルール、法令の意要及びその理由について理解していた ○実務に則してルールの見直しを提案していた	○日常業務でやってはいけないことを考え ○ルール違反に不明点がある場合には上 ○どう対応したらよいか迷ったときは、直
	(2)	出勤時間、約束時間などの定刻前に到着している。	○時間や場所に間に合うように進備していた ○周囲の模範となっていた	○必ず5分前行動」など身らルールを ○交通トラブルなど遅れそうな時は必ず ○生活リズムを開り、健康管理に配慮し
	(3)	上司・先輩などからの業務指示や命令の内容を理解して従っている。	○途中経過を報告していた ○指示通りやってみて気づいた問題提起を意見具申していた	○指示内容を確認・明確化していた ○業務指示に素直に従っていた ○完了の報告をしていた
	(4)	仕事に対する自身の目的意識や思いを持って取り組んでいる。	○仕事をする目的、キャリア形成を考えていた ○仕事に対する自問題提起を行っていた ○仕事を通して人に役立つことを考えていた	○目的意識を持って仕事に就いていた ○仕事のことを積極的に考えていた
	(5)	お客様に納得・満足していただけるよう仕事に取り組んでいる。	○お客様の満足度を確認していた ○お客様の満足のため自ら工夫していた ○お客様の要望やクレームを速やかに上司に報告していた	○いつもお客様の満足度が高い考え ○お客様の要望やクレームは上司に相
責任感（社会の一員として、自覚を持って主体的に職務を遂行する能力）	(1)	一旦引き受けたことは途中で投げ出さずに、最後までやり遂げている。	○最後まで絶対にやり抜く意思を持っていた ○仕事が遅滞に終わりそうになければ早めに報告していた	○与えられた仕事はきちんとやる気持 ○自分ができるかどうかおよその判断 ○自分なりの努力や工夫をしていた
	(2)	上司・先輩の上位者や同僚、お客様などとの約束は誠実に守っている。	○完了できるようにスケジュールを組んでいた ○突発的な変更に柔軟に対応していた ○完了の報告を確認していた	○約束事を記録に留めるようにしていた ○約束事を忘れないように、メモしていた ○遅れそうなときは早めに連絡していた
	(3)	必要な手続や手順を省くことなく、決められた手順どおり仕事を進めている。	○できない理由ではなくできる方法を考え、実行していた ○忙しければ優先順位を確認して順番を入れ替えていた	○困難な状況を認識し、上位者に説明し ○予め作業の手順を頭に入れてスケジュー ○難しい仕事でも自分なりに工夫、努力
	(4)	自分が犯した失敗やミスについて、他人に責任を押し付けず自分	○他人の失敗についても責任の一端があると認識していた ○失敗からミスをした原因を究明していた	○自分の仕事と努力を止め責任を持っ ○周囲を巻き込まないように自問自答

Ⅲ　技能・技術に関する能力

(1) 基本的事項　（「職務遂行のための基準」ごとに，該当する欄に〇を記載）

A:常にできている　B:大体できている　C:評価しない　　「評価を行わなかった」場合は／（斜線）でC欄を消す

能力ユニット		職 務 遂 行 の た め の 基 準	判定ガイドライ	
			A	B
ビジネス知識の習得	(1)	政治経済動向や，一般常識などの基本的事項や関係するビジネス分野の知識の習得に取り組んでいる。	○目標が広く，幅広い視野について行っていた ○関係するビジネス分野での資格試験（例えば日商簿記検定，ビジネスキャリア検定制度等）の受験に積極的だった	○職場の会議に支障なく参加できていた ○新聞に，目を通したりテレビのニュースを
	(2)	会社の事業領域や組織機構や組織構造について概要を理解している。	○細かいところまで理解していた ○新しく入ってきた派遣社員等に概要を説明できていた	○自社ビジネスや会社組織をおおむね理解を要求された ○会社案内に書いてある程度のことは理
	(3)	会社の経営理念や社是・社訓等の内容を理解し，可能な範囲で実践している。	○社是・社訓等を理解し，自らも日常的に実践していた	○経営理念や社是・社訓等を理解し，これに沿ったものだった
PCの基本操作	(1)	ワープロソフトを用いて基本的な文書を的確に作成している。	○様々な機能を使いこなし，スピーディにワープロソフトを操作していた ○文章のスタイルやフォント等まで考慮して文書作成していた	○ワープロソフトを用いて文字入力や書式等を行っていた
	(2)	表計算ソフトを用いて基本的な作表やグラフ作成を的確に行っている。	○様々な機能を使いこなし，表計算ソフトを操作していた ○グラフ作成機能や関数機能も不自由なく使いこなしていた	○表計算ソフトを用いて基本的な作表や
	(3)	電子メールやインターネットを使った情報検索を交換している。	○電子メールの様々な機能を使いこなし，スピーディに操作していた ○インターネットを使った情報検索がスピーディだった	○支障なく使っており，検索の注意や
企業倫理とコンプライアンス	(1)	日常の職務行動において公私の区別をきちんとつけている。	○公私の区別をきちんとつけており，全く問題なかった	○公私の区別を理解し，不適切な行動
	(2)	業務上知りえた秘密や情報を正当な理由なく他に開示したり流用したりしない。	○情報の取扱いに細心の注意を払っており，全く問題なかった	○情報の取扱いに注意し，不適切な行

Ⅲ (2) 専門的事項　（「職務遂行のための基準」ごとに，該当する欄に〇を記載）

A:常にできている　B:大体できている　C:評価しない　　「評価を行わなかった」場合は／（斜線）でC欄を消す

能力ユニット		職 務 遂 行 の た め の 基 準	判定ガイドラ	
			A	B
介護事業に関する基本事項の習得	(1)	介護保険制度の概要を理解している。	○介護保険制度の概要について，十分に理解していた ○理解不足に基づく問題行動はなかった	○介護保険制度の概要について，基本 ○理解不足に基づく重大な問題行動は
	(2)	施設介護サービスの運営規定，重要事項説明書等の内容を理解している。	○施設介護サービスの運営規定，重要事項説明書，契約書の内容について，十分に理解していた ○理解不足に基づく問題行動はなかった	○施設介護サービスの運営規定，重要 ○理解不足に基づく重大な問題行動は
	(3)	要支援・要介護認定からケアプランの作成，サービスの利用に至るまでの一連の流れを正しく理解している。	○要支援・要介護認定からケアプランの作成，サービスの利用に至るまでの一連の流れについて，十分に理解していた ○理解不足に基づく問題行動はなかった	○要支援・要介護認定からケアプランの 至るまでの一連の流れについて，基本 ○理解不足に基づく重大な問題行動は
	(4)	施設の理念，方針，行動規範等を正しく理解している。	○施設の理念，方針，行動規範等について，十分に理解していた ○理念・方針・行動規範に沿って行動に従っていた	○施設の理念，方針，行動規範につい ○理念・方針・行動規範に反する問題行
	(5)	施設の組織構造，各部門の機能，スタッフの役割分担など，組織に関する基本事項を理解している。	○施設の組織構造，各部門の機能，スタッフの役割分担など，組織に関する基本事項について，十分に理解していた ○理解不足に基づく問題行動はなかった	○施設の組織構造，各部門の機能，ス ○理解不足に基づく重大な問題行動は
	(1)	全ての利用者に尊厳の念をもって接するなど，日頃から利用者の尊厳を重んじながら接している。	○全ての利用者に尊厳の念をもって接し，利用者のプライドに配慮するなど，常に利用者の尊厳を重んじながら接していた	○利用者に若干ではあるが，軽微な態 配慮するなど，おおむね利用者の尊 ○利用者の尊厳を軽んじるような重大
	(2)	ケアスタッフに求められる職業倫理（守秘義務，人権尊重，個人情報保護等）に即して行動している。	○常にケアスタッフに求められる職業倫理（守秘義務，人権尊重，個人情報保護等）に即して行動していた	○おおむねケアスタッフに求められる職 理（守秘義務，人権尊重等）に即し，行動 ○職業倫理に反するような重大な問題
	(3)	利用者の自立支援を行うという意識をもって介護を行っている。	○利用者の自立支援の重要性について十分理解していた ○サービスの提供に利用者の意向を確認した上で適切な介護を行うなど，常に利用者の自立支援を意識しながら介護を行っていた	○サービスの提供に利用者の意向を確 ないなど，おおむね利用者の自立支援 ○自立支援を妨げるような重大な問題
	(4)	利用者の毎日の生活を活気付けることを意識して介護を行っている。	○利用者が楽しい，意義があると思えるようなプログラムや活動を提案したり，日常会話が不足している利用者に積極的に言葉かけを行うなど，常に利用者の毎日の生活を活気付けることを意識して介護を行っていた	○おおむね，介護プランの考え方に ○利用者に記憶の記載，活性化の

出所　厚生労働省　ジョブカード制度総合サイト

以上２つのシートを外国人向けに活用する。判定目安表の評価項目のうち、外国人労働者が該当するものを選択して、ABC のいずれのランクに当てはまるのかを評価する。

　企業が重要視する項目に、加重をかけるなどの工夫をして評価点をつけるなども考えられる。ただし企業側、労働者側の負担を考慮して、修正箇所は最低限で行うことが推奨される。何よりも評価項目と ABC 分けされた評価ガイドラインが既に出来上がっていることは、企業にとって大きな負担の減少となる。

　次に原則的には日本人労働者の利用を想定しているジョブカードの業種と入管法による外国人労働者の就労資格のある業種に乖離はないか検証する。

　特定技能や技能実習の業種にあり、ジョブカードの業種にないものは、農業、漁業、建設業の一部職種、　ビルクリーニング、リネンサプライ、コンクリート製品製造、空港グランドハンドリングであり、建設業は建設キャリアアップシステムを活用できるが、その他については、専門評価シートを新たに作成する必要がある。

　また、ジョブカードにあって、特定技能などにない業種は、経営戦略、人事労務、企業法務、営業、マーケティング、生産管理など高度人材を対象とした職種である。

　これらのことから私は、特定技能や技能実習生向けにジョブカード（の一部）を活用することは、ジョブカードにはない一部の業種について新規に作成する必要はあるが、多くの業種はカバーされているため、不可能ではないと考える。

２−３，ジョブカードの一部を外国人労働者の人事評価に活用することについての他者の評価

　ジョブカードの評価基準の項目内容の粗さなど企業内の人事評価

のツールとして活用することについて、外国人介護スタッフを雇用している介護施設の社会福祉士に、ジョブカードの介護職の専門的事項のシートに対する意見をお願いした。

　意見としては、評価項目の細かさのレベルの程度は問題ないと考える。ただし業務の範囲や担当分け、報告先などは施設によって異なるので、勤務先に合った内容に変更や追加、削除を行う必要がある。外国人労働者の評価基準として利用することは可能と考えるとのことであった。

　これらの意見より私は、現在のジョブカードの内容をそのまま導入することは無理があるが、導入企業に合った内容に加工することで活用することは可能であると考える。実際に導入が可能か否かについては、企業への聞き取りを行うことが重要であると感じた。

第 6 節　残された課題

　これまでの考察から、中小企業が外国人労働者の人事評価用のツールとして、ジョブカードを活用する場合に考慮が必要な課題について示す。

・ジョブカードにはない業種について新規に作成するのか、専門的事項のシートは使用せず、全員に共通する「職務遂行のための基本的能力」シートのみを活用するのか。

・一部を外国人向けに活用することについては、外国人労働者のジョブカード評価基準と受入れ企業の既存の日本人労働者向けの評価基準（制度）の整合性を図ることも課題となる。

・それに対して、社内に評価基準やシステムが確立されていない企業には、大変効果的なシステムと考える。日本人労働者に対して

も、同様の導入を行うことが考えられる。

・外国人特有の項目（民族、宗教などの文化面や福利厚生などの条件面）について、シート上で考慮するのか、現状のままあくまで日本人と同様の扱いとするのか。ただし、特有の項目の設定は外国人向けには有効であるが、設定の手間が原因で、この評価システムの確立が遅くなると外国人労働者への人事評価制度の導入がその分遅くなってしまう。

・言語レベルの問題については、特に原則本人が記載することを前提にしているキャリア・アップシートについては、面倒でも面談を行い、聞き取った内容を面接者が記載することや、翻訳ソフトの活用などの工夫も必要と考える。いずれにしても、シートに記載の文字自体に重点を置くことなく、できるだけ簡易な表現を使うことが、誤解を招かないためにも重要であると考える。

第7節　最後に

　これまで、高度人材ではない外国人労働者の育成について、人事評価を軸に述べてきた。

　現在、外国人労働者については、たとえば技能実習生に関して、受け入れ企業側の実習生を安い労働力と見なした人権意識の欠如によりおきる種々の問題や、それに起因した実習生側が引き起こす失踪や不法就労などの多くの課題がある。

　外国人労働者の定着のためには、ここで述べた適正な評価などにより本人の精神的な欲求を満たす前にもっと基本的な物質的欲求を満たすことも大事である。

　また、ここで提案したジョブカードシステムは、その本来の目的

を そのまま導入することは大変ハードルが高く、多くの企業にとっては成果より負担の方が大きくなる。

　しかしながら、すでにできあがっているフレームをツールとして、“つかえるところを活用する“ことから始めてみることを是非検討してみてはいかがか。例えば、ジョブカードの評価項目部分を自社の業務整理をする際の参考として利用したり、外国人労働者との対話の補助ツールとして活用するなどの方法も考えられる。

　少しでも前へ進めるためには、大きなことをいっぺんに導入するのではなく、使えるところから都合よく活用して、序々に自社に合った形に広げてゆくことをお勧めする。

以上

参考文献

・上林千恵子[2015]『外国人労働者受け入れと日本社会』 東京大学出版会
・早川智津子[2020]『外国人労働者と法』信山社
・独立行政法人労働政策研究・研修機構編[2020]「ジョブカードを活用したキャリアコンサルティング」 『JILPT 資料シリーズ No.226』

第9章　中小企業における健康経営

　2019 年に日本で新型コロナウイルス感染症が猛威を振いはじめたこともあり、日本人の健康に対する意識は向上し、企業活動においても"健康経営"（注1）に対する関心が高まっている。健康経営は企業経営における一つの潮流となったと言っても過言ではなく、今後ますます多くの企業が取り組むようになると思われる。

　一方、中小企業の経営者のなかには、次のように感じる方も多くいるのではないだろうか。

・従業員の健康が大切だということは分かるが、健康増進に取り
　組んだとしても、それで売上や利益が増えたりするわけではない
　だろう。
・大企業や一部の先進的な中小企業ならやれるだろうが、うちの
　ような中小零細企業にとって、従業員の健康にまでお金をかける
　余裕はないし、忙しいのでとても無理だ。
・健康経営といっても、具体的に何をやればいいのかよく分から
　ない。

　本章では、そのような中小企業の経営者や幹部を念頭に、中小企業だからこそ、健康経営に取り組む価値があることをお伝えしたい。健康経営に向けて始めの一歩を踏み出すきっかけになれば幸いである。

第1節　健康経営のすすめ

（1）健康経営とは

現在、健康経営は次のように定義されている。少し長くなるが、健康経営のエッセンスが盛り込まれているので、引用する。（下線は筆者）

> 健康経営とは、従業員の健康保持・増進の取組が、将来的に<u>収益性等を高める投資である</u>との考えの下、健康管理を経営的視点から考え、<u>戦略的に実践すること</u>。健康投資とは、健康経営の考え方に基づいた具体的な取組。企業が<u>企業理念に基づき</u>、従業員の健康保持・増進に取り組むことは、<u>従業員の活力向上や生産性の向上等</u>の<u>組織の活性化</u>をもたらし、結果的に<u>業績向上や組織としての価値向上へ繋がる</u>ことが期待される。

（「健康経営の推進について」令和4年6月経済産業省）

本章では、実務的な取組みを考慮し、上記の経済産業省の定義をベースにする。

ちなみに、健康経営を日本に最初に紹介したのは岡田邦夫氏（特定非営利活動法人健康経営研究会（以下「健康経営研究会」という）の理事長）と言われている。2006年、健康経営研究会は健康経営の基本的な考え方を次のように説明した。ちなみに、健康経営が日本で紹介されてからまだ16年しか経っていないことに驚く。

「健康経営とは、『企業が従業員の健康に配慮することによって経営面においても大きな成果が期待できる』との基盤に立って、健康管理を経営的視点から考え、戦略的に実践することを意味しています。従業員の健康管理・健康づくりの推進は、単に医療費という経

費の節減のみならず、生産性の向上、従業員の創造性の向上、企業イメージの向上等の効果が得られ、かつ、企業におけるリスクマネジメントとしても重要です。従業員の健康管理者は経営者であり、その指導力の下、健康管理を組織戦略に則って展開することが、これからの企業経営にとってますます重要になっていくものと考えられます。」

さらに、同研究会は、2021 年にこれを次のように改定した。

> 健康経営とは、「企業が従業員の健康に配慮することによって、経営面においても大きな成果が期待できる」との基盤に立って、健康を経営的視点から考え、戦略的に実践することを意味しています。今後は、「人という資源を資本化し、企業が成長することで、社会の発展に寄与すること」が、これからの企業経営にとってますます重要になっていくものと考えられます。

2006 年当時の「健康管理」、「医療費節減」、「生産性向上」、「従業員の創造性向上」、「企業イメージの向上」、「リスクマネジメント」等のキーワードが消え、新たに「人的資源の資本化」、「企業の成長」、「社会の発展」というキーワードが盛り込まれた。16 年間の企業経営を巡る社会経済環境の変化に伴い、健康経営はさらに深化したと言えよう。

経済産業省の定義と健康経営研究会の定義とは、文言では異なるところがあるものの、両者とも「経営戦略」として取り組むものであり、業績向上や企業価値向上等の成果につながるものであるという基本的な考え方は共通している。

（2）健康経営をめぐる現状

①国・地方自治体等の動き

　では、健康経営をめぐる現状がどうなっているか。まず国や地方自治体等の動向の概略を整理しておきたい。行政の動向を把握しておくことは健康経営に取り組むにあたり参考になる。

・2011 年、経済産業省にヘルスケア産業課を新設
・2013 年 6 月、政府は「日本再興戦略」を閣議決定。「健康寿命」の延伸を戦略市場の一つに位置づけ
・2014 年 6 月、「日本再興戦略改訂 2014」において、健康経営の普及について言及
・2015 年 3 月、「健康経営銘柄」の選定開始（後記）
・2015 年 5 月、政府は「アクションプラン 2015」において、大企業の健康経営の取組み継続とあわせて、中小企業の健康経営への取組み促進を明記
・2015 年 7 月、「日本健康会議」（注 2）発足
・2015 年、全国健康保険協会（協会けんぽ）東京支部が「健康企業宣言制度」をスタート
・2016 年 6 月、「日本再興戦略 2016」において、「世界最先端の健康立国へ」を施策として掲示し、健康経営の質の向上と更なる普及の施策を明記
・2016 年 6 月、「経済財政運営と改革の基本方針 2016」（骨太方針2016）において、企業の健康経営の取組みとデータヘルスの更なる連携について明記
・2016 年 11 月、「健康経営優良法人認定制度」をスタート（後記）
・2017 年、神奈川県が CHO（Chief Health Officer　健康管理最高

責任者）構想、横浜市も「横浜健康経営認証」制度をスタート
・2018 年、健康経営銘柄、健康経営優良法人認定企業に健康経営の
　普及や取組事例の発信を求めることを明確化
・2022 年 3 月、経済産業省が大企業 2000 社の健康経営度調査（注
　3）の評価結果を公開
・2022 年 3 月、岸田首相が中小企業を含めた健康経営を推進してい
　く旨を国会で表明

　このような動きを見ると、国や地方自治体は健康経営を重要政策
の一つとして位置付け、今後さらに推進を加速させることが推測で
きる。

②顕彰制度等のインセンティブ制度の整備
　また、政府等は健康経営の普及を促進させるため、下記のような
インセンティブ制度を整備してきた。

（a）健康経営銘柄
　健康経営銘柄は 2015 年に創設された。東京証券取引所の上場企業
の中から健康経営に優れた企業を選定し、長期的な視点から企業価
値の向上を重視する投資家にとって魅力ある企業として紹介するこ
とを通じ、健康経営の取組みの促進を目指すことを目的としている。
健康経営銘柄に選定されると、経済産業省のホームページで企業名
が公表され「健康経営銘柄選定企業紹介レポート」に具体的取組み
内容が紹介される。健康経営に取り組んでいる企業は業績がよいこ
とが確認されているので、投資家は健康経営に取り組む企業に投資
しようとする。対象は大企業が中心であるが、企業は資金調達面で

有利になり、企業ブランドの向上も期待できる。これまでの選定状況は次のとおりである。

選定年月	選定企業数
2015 年 3 月	22 社
2016 年 1 月	25 社
2017 年 2 月	24 社
2018 年 2 月	26 社
2019 年 2 月	37 社
2020 年 3 月	40 社
2021 年 3 月	48 社
2022 年 3 月	50 社

（b）健康経営優良法人認定制度

　健康経営優良法人認定制度は 2016 年に創設された。職場の健康課題に即した取組みを行うなど健康経営を実践している優良な大企業や中小企業等の法人を認定するもので、2017 年 2 月に初回の認定が行われた。企業規模に応じて「大規模法人部門」と「中小規模法人部門」に分かれ、認定基準が異なっている。

　当初は、大規模法人部門全体を「ホワイト 500」と称していた。これは、日本健康会議が「健康経営に取り組む企業を 500 社以上にすること」（注2）を目標に掲げたことに由来する。その後、2020年度からは、大規模法人部門の認定法人のなかで健康経営度調査結果（注3）の上位 500 法人のみを「ホワイト 500」と呼ぶこととなった。さらに、中小規模法人部門では、2020 年度から「ブライト 500」が新設された。これは、中小規模法人部門のなかで「健康経営優良法人の中でも優れた企業」で、かつ「地域において、健康経営の発

信を行っている企業」を特に認定するものである。これまでの認定
状況は次のとおりである。（出典：「健康経営の推進について」令和
4 年 6 月経済産業省）

・大規模法人部門

認定年度	健康経営度 調査回答数	認定法人数	ホワイト 500
2014 年度	493		
2015 年度	573		
2016 年度	726	235	
2017 年度	1,239	539	
2018 年度	1,800	813	
2019 年度	2,328	1,473	
2020 年度	2,523	1,801	495
2021 年度	2,869	2,299	498

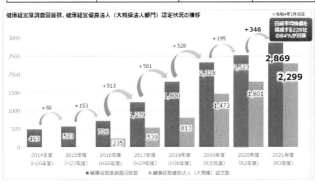

・中小規模法人部門

認定年度	健康宣言事業参加法人数（前年度比）	認定法人数	ブライト500
2016 年度	2,970 （-）	318	
2017 年度	12,195 （4.1 倍）	775	
2018 年度	23,074 （1.9 倍）	2,501	
2019 年度	35,196 （1.5 倍）	4,811	
2020 年度	51,126 （1.5 倍）	7,934	537
2021 年度	58,597 （1.1 倍）	12,255	503

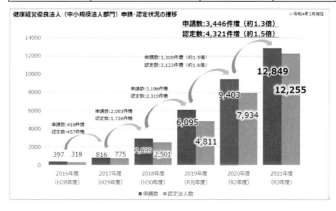

このように、大規模法人部門、中小規模法人部門ともに認定法人数は増加の一途をたどっている。大規模法人部門では、認定申請の前提として健康経営度調査（注3）に回答する必要があるが、この回答企業数は 2021 年度には日経平均株価を構成する 225 社のうち84%に達した。中小規模法人部門では、所属する保険者（協会けんぽ、健康保険組合、国民健康保険組合等）が実施する健康宣言事業

に参加する必要があるが、2021年度には参加企業が5万8千社を超え、健康経営優良法人の認定申請企業も1万社を超えた。この伸びは目を見張るべきものであり、足元の実績値である1.3倍ペースで今後も伸びていくと仮定すると、2025年には健康宣言事業の参加企業数は17万社、健康経営優良法人認定企業数は3万5千社程度まで増加すると推測される。健康経営が企業経営における一つの潮流になっているという所以である。

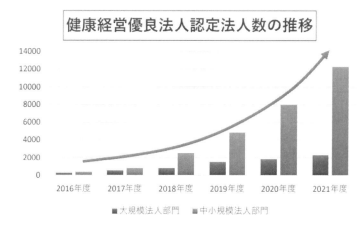

健康経営優良法人認定法人数の推移

■大規模法人部門　■中小規模法人部門

　但し、留意すべきことがある。それは、健康経営銘柄や健康経営優良法人認定制度は健康経営を推進していくための一つのツール（インセンティブ）であって、認定取得を健康経営の目的としてはならないということである。それを間違えると、健康経営の取組みが逆効果を及ぼすことにもなりかねない。

（c）その他
　さらに、自治体や金融機関等も次のように健康経営の取組みを後

押ししている。

- ・自治体独自の顕彰制度（例：東京都杉並区は「杉並区健康づくり表彰」制度を設けている）
- ・自治体が公共調達の際に加点評価
- ・自治体が独自の融資や補助金等のインセンティブ制度
- ・金融機関によるローン金利の優遇制度
- ・保険会社による保険料の割引制度
- ・在留資格審査手続きの簡素化
- ・ハローワークの求人票への記載

　以上のような状況から、私は、近い将来、大企業であれば健康経営に取り組むのは当たり前になり、中小企業でも健康経営に取り組んでいないと競争力を失うことになりかねないと考えている。

（3）健康経営推進の背景
①我が国の社会的課題
　では、なぜ国や自治体等がこのように健康経営の取組みを促進しようとしているのか。その背景には、我が国が直面している次のような課題がある。いずれも話題とされることが多いので簡単に触れるだけにとどめるが、企業経営にも直接影響が及んでくるものである。

（a）働き手の減少
　我が国の生産年齢人口（15〜64歳）は減少の一途をたどっている。2020年には約7400万人であったが、40年後の2060年には約4700

万人まで減少すると推定されている。今いる働き手 100 人が 64 人にまで減ってしまうとイメージすると、これがどれだけ大きな変化であるか理解していただけると思う。働き手の減少を少しでも抑制していくためには、まず働く人にできるだけ長く健康でいてもらわなければならない。

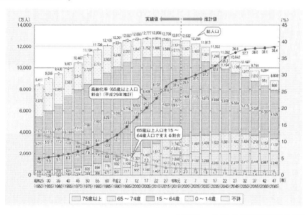

（出典：令和 2 年度高齢化白書）

（b）働き手の高齢化

　働き手も高齢化している。2020 年の労働力人口に占める 65 歳以上の者の割合は 13.4％まで上昇した。政府は、「高年齢者等の雇用の安定等に関する法律」を改正し、2021 年からは 70 歳までの就業機会の確保を企業に義務づけた（現在は努力義務）。高齢になっても働き続けてもらうためには前提として健康でいてもらう必要がある。加えて、経営者自身の高齢化も進んでおり、経営者自身も率先して健康維持に取り組まなければならない。経営者の健康問題は事業承継とも関係してくる。

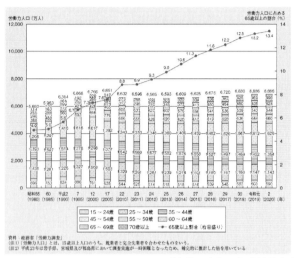

労働力人口〔万人〕

労働力人口に占める
65歳以上の割合〔%〕

資料：総務省「労働力調査」
(注1)「労働力人口」とは、15歳以上人口のうち、就業者と完全失業者を合わせたものをいう。
(注2) 平成23年は岩手県、宮城県及び福島県において調査実施が一時困難となったため、補完的に集計した値を用いている

（出典：令和3年高齢社会白書）

（ｃ）国民医療費の増大

　高齢化と医療の高度化により、我が国の国民医療費は年々上昇している。2018年度は約45兆円であったが、2030年度は約63兆円まで増加すると推定されている。国や医療保険者の財政は逼迫し、国民皆保険制度が維持できなくなる危険性も生じてくる。また、健康保険料の上昇は企業のコスト増加に直結する。働く人の生活習慣病の予防等は医療費の上昇抑制にも役立つ。

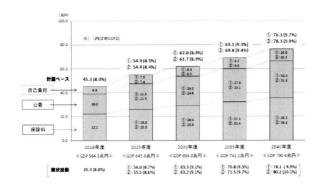

（出典：厚生労働省ウェブサイト）

②企業としてのメリット

　一方、企業はなぜ健康経営に取り組もうとしているのか。健康経営に取り組むメリットは多くあるが、ここでは次の4点を取り上げたい。

（a）労働生産性の向上

　従業員の健康状態は労働生産性と密接な関係がある。健康経営を進めると従業員の健康に対する意識や知識が向上するので、よい健康状態で仕事をすることが重要であることの理解が深まる。

　最近の研究によれば、何らかの病気によって会社を欠勤する状態（アブセンティーイズム）よりも、出勤はしているが体調が優れないまま仕事をしている状態（プレゼンティーイズム）の方が、労働損失が大きいことが明らかになっている（東京大学未来ビジョン研究センター健康経営研究ユニットによる研究調査報告）。欠勤しているよりも（体調不良のまま）出勤している方の損失が大きいというのは驚きではないだろうか。

（b）業績の向上

　健康経営の施策を実施した企業では、ROA（総資産経常利益率）、ROS（売上高営業利益率）とも上昇している。健康経営の施策と利益率には正の相関があり、健康経営銘柄に選定された企業の平均株価はTOPIXを上回っていることも確認されている。また、健康経営への投資1ドルに対し3ドル分の投資リターンがあることも報告されている（「健康経営の推進について」令和4年3月経済産業省）。このように、健康経営が業績向上や企業価値向上等の成果を生み出すものであることはデータで裏付けられており、健康経営に取り組んでも売上や利益向上にはつながらないと考えるのは誤解である。ただ、健康経営による効果はすぐ顕在化するわけではなく、2年程度のラグを伴うということが確認されている点は認識しておく必要がある（「健康経営の推進について」令和4年3月経済産業省）。性急に成果を求めるのではなく、継続的に辛抱強く取り組む覚悟が必要である。

（c）企業イメージの向上

　健康経営を推進することで、社会的な評価が得られ、企業イメージが向上する。端的にはリクルート効果が得られる。企業としては自社がホワイト企業であることを名乗らなければ、学生等からブラック企業あるいはグレー企業であると思われてしまいかねない。この点で、第三者からホワイト企業のお墨付きが得られれば、認知度も向上し採用面でも優位に立つことができる。就活生とその親の双方が企業選びの際に「従業員の健康や働き方への配慮」を重視するとの調査結果もある。

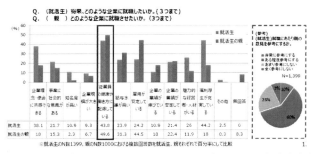

（出典：「健康経営の推進について」平成 30 年 9 月経済産業省）

　さらに、リクルート効果以外でも、取引先等からの評価が高まり
企業ブランドの向上につながる。企業が上記のメリットを実感して
いることは、健康経営優良法人のアンケート結果でも裏付けられて
いる。

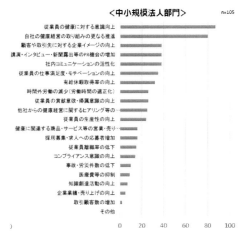

（出典：「健康経営の推進について」令和 4 年 3 月経済産業省）

（d）ウェルビーイングの向上

　企業の経営目的は何かということについては、さまざまな研究や諸説があり、唯一の正解というものはないが、私は企業の最も重要な目的はステイクホルダーとりわけ従業員の幸せの追求とそれに基づく事業の継続であると考えている。WHO（世界保健機関）は、健康とは「病気でないとか、弱っていないということではなく、肉体的にも、精神的にも、そして社会的にも、すべてが満たされた状態にあることをいう」と定義している（注4）。それに沿って考えると、「健康」＝「ウェルビーイング」＝「幸せ」と言えるだろう。

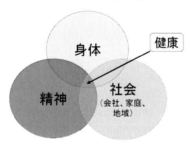

　つまり、健康で過ごすためには、身体と心が良い状態であることに加えて、社会の中で「活き活き」と「生きる」＝「仕事をする」ことが必要になる。企業には、従業員が活き活きと仕事ができる環境や仕組みを作る役割があり、その役割を果たすことでウェルビーイングの向上を図ることができる。幸せや幸福学に関する調査研究も進んでいるが、幸せな従業員は不幸せな従業員よりも創造性が3倍高い、生産性が30%高い、欠勤率が低い、離職率が低いなどの多くのエビデンスが得られている（「ウェルビーイング」（日本経済新聞出版）前野隆司・前野マドカ）。健康経営は、従業員が活き活きと仕事ができる環境や仕組みを経営の視点で整えるものであり、ウェルビーイングの向上に直結している。

第2節　中小企業における健康経営の進め方・取り組み方

（1）進め方

　健康経営の目的が、健康経営銘柄に選定されたり、健康経営優良法人の認定を受けたりすることではないことは前述した。とはいえ、外部評価を受ける仕組みを利用すれば社内的に取り組みやすくなるし、リクルート効果、企業ブランド向上効果も得やすい。そのため、中小企業であれば、まず中小規模法人部門で健康経営優良法人の認定を受けることを当面の目標として取り組むのがよい。繰り返しになるが、目標ではあるが目的ではない。

　では、健康経営優良法人の認定を受けるためにはどのようにすればよいか。中小規模法人に関する流れの概略を下図にまとめてみた。

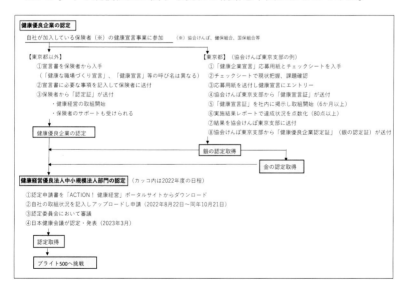

なお、2021年度までは国（経済産業省）が健康経営優良法人認定制度の運営に直接関わっていたが、2022年度は株式会社日本経済新聞社が認定制度の運営事務局となった。実務が民間に移管され、申請も有料化された（中小規模法人部門の申請料金は15,000円（税別））。このことも、健康経営がある程度普及し、次のステージに移行する段階になったことを示すものと言えよう。

　健康優良企業の認定を受けるには、次の点に留意する必要がある。
①所属している保険者が東京都にある場合、健康優良企業の認定申請の前提として、健康企業宣言を行うだけでなく、いわゆる「銀の認定」を取得しなければならない。
②「銀の認定」を受けるためには、最低6か月間取り組み、採点基準の80点以上を満たす必要がある。
③採点基準は項目ごとに具体的に定められており、配点も決まっている。内容は保険者等のウェブサイトで確認できるので、自社の現状を把握し、配点の高い分野（「健診」等）の取組みが不十分な場合は、そこから優先的に取り組む。
④取り組んだ内容や取組状況は書面や写真でエビデンスとして残しておく。
⑤同じ「銀の認定」であっても、協会けんぽと健康保険組合とでは、評価基準と申請受付スケジュールが若干異なっているので確認する。

　東京都だけ厳しいようにも感じられるが、次の目標とすべき健康経営優良法人の認定を考えた場合は、そうとも言えない。「銀の認定」要件と健康経営優良法人2023（中小規模法人部門）認定要件はそれ

ぞれ下表のとおりであるが、「銀の認定」を取得するための取組みは、健康経営優良法人認定要件とかなりの部分重なっているからである（太字の項目）。「銀の認定」を取得しておけば、より効率的に健康経営優良法人認定取得に取り組むことができる。

【健康経営優良法人2023（中小規模法人部門）認定要件】

大項目	中項目	小項目	評価項目	認定要件	
1. 経営理念（経営者の自覚）			健康宣言の社内外への発信及び経営者自身の健診受診	必須	
2. 組織体制			健康づくり担当者の設置	必須	
			（求めに応じて）40歳以上の従業員の健診データの提供	必須	
3. 制度・施策実行	（1）従業員の健康課題の把握と必要な対策の検討	健康課題に基づいた具体的な目標の設定	健康経営の具体的な推進計画	左記①～③のうち2項目以上	ブライト500は左記①～⑮のうち13項目以上
		健康課題の把握	①定期健診受診率（実質100%）		
			②受診勧奨の取り組み		
			③50人未満の事業場におけるストレスチェックの実施		
	（2）健康経営の実践に向けた土台づくり	ヘルスリテラシーの向上	④管理職又は従業員に対する教育機会の設定	左記④～⑦のうち1項目以上	
		ワークライフバランスの推進	⑤適切な働き方実現に向けた取り組み		
		職場の活性化	⑥コミュニケーションの促進に向けた取り組み		
		病気の治療と仕事の両立支援	⑦私病等に関する両立支援の取り組み（⑬以外）		
	（3）従業員の心と身体の健康づくりに関する具体的対策	具体的な健康保持・増進施策	⑧保健指導の実施または特定保健指導実施機会の提供に関する取り組み	左記⑧～⑮のうち4項目以上	
			⑨食生活の改善に向けた取り組み		
			⑩運動機会の増進に向けた取り組み		
			⑪女性の健康保持・増進に向けた取り組み		
			⑫長時間労働者への対応に関する取り組み		
			⑬メンタルヘルス不調者への対応に関する取り組み		
		感染症予防対策	⑭感染症予防に関する取り組み		
		喫煙対策	⑮喫煙率低下に向けた取り組み		
			受動喫煙対策に関する取り組み	必須	
4. 評価・改善			健康経営の取り組みに対する評価・改善	必須	
5. 法令遵守・リスクマネジメント（自主申告）※誓約書参照			定期健診を実施していること、50人以上の事業場においてストレスチェックを実施していること、労働基準法または労働安全衛生法に係る違反により送検されていないこと、等	必須	

【銀の認定評価基準】

取組分野	質問	配点
健診等	①従業員は健診を100%受診しているか	**20点**
	②40歳以上の従業員の健診結果を協会けんぽへ提供しているか	**20点**
	③健診の必要性を従業員へ周知しているか	**5点**
健診結果の活用	④健診結果が「要治療」など再度検査が必要な人に受診を勧めているか	5点
	⑤健診の結果、特定保健指導となった該当者は特定保健指導を受けているか	5点
健康づくりのための職場環境	⑥職場の健康づくりの担当者を決めているか	5点
	⑦従業員が健康づくりを話し合える場はあるか	5点
	⑧健康測定機器等を設置しているか	5点
	⑨職場の健康課題を考えたり問題の整理を行っているか	3点
	⑩健康づくりの目標・計画を立て、実践しているか	3点
職場の「食」	⑪従業員の仕事中の飲み物に気をつけているか	3点
	⑫日頃の食生活に乱れがないか声がけをしているか	3点
職場の「運動」	⑬始業前などに体操やストレッチを取り入れているか	3点
	⑭階段の活用など歩数を増やす工夫をしているか	3点
職場の「禁煙」	⑮従業員にたばこの害について周知活動をしているか	3点
	⑯受動喫煙防止対策を講じているか	3点
「心の健康」	⑰管理職などが、毎日、従業員に声がけを行っているか	3点
	⑱気になることを相談できる職場の雰囲気を作っているか	3点
	(合計)	100点

　健康優良企業の認定も健康経営優良法人の認定も、自社で独自に進めることが可能である。しかし、これから取り組みを始める中小企業には、外部のサポート制度を利用することをお勧めしたい。所属する保険者によるサポートや東京都であれば専門家派遣制度を無料で利用できる。あるいは、健康経営優良法人の認定取得を含めた人事関係のサポートサービスを提供しているコンサルティング会社等も多いので、有料にはなるが自社の状況に応じて利用することも検討するとよい。

　中小規模法人部門の認定を取得できれば、次のステップとしてブライト500の認定を目指すことができる。ブライト500には次の評価が加わるが、その他の取組み項目は同じなので、継続的に取り組めば取得も十分可能である。

　①健康経営の推進に関する経営者、役員の関与の内容

②健康経営の推進方針の検討にあたり、前年度までの実施について何を評価しているか

③健康経営関連の取組みについて主体的な情報発信をどのように行っているか

④健康経営関連の取組みについて、依頼されて実施した情報発信の回数

（2）取組み方

　健康経営優良法人の認定取得を当面の取組み目標とするが、その際に心がけるとよい点として次の4つを挙げておきたい。

①トップダウンとボトムアップの組合せ

　経営者側に「健康経営に取組んでいるのだから早く目に見える成果を出したい」という気持ちが先行し、従業員に対して「とにかくこれをやれ」と指示したり、表面的なエビデンス作りに力を入れたりすることが見受けられる。また、「他社がやっているから、とりあえずうちもやろう」ということもよくある（方向を間違えたトップダウン）。さらに、経営者側が「健康経営で投資回収ができるのか？本当に必要なのか？」と疑問を持ちながら始めると、予定どおり進捗しないこともある（トップダウンなし）。

　一方、従業員側には「ほかにもやらなければならないことが山積みなのに、勘弁してほしい」という気持ちが芽生え、イヤイヤ感が生じることがある（ボトムアップなし）。また、従業員が会社の状況を考えず「この健康器具がよさそうだからこれを購入して欲しい。設置する部屋も作ってほしい」などと無理な要求を言ってくることがある（勝手なボトムアップ）。これでは健康経営は進まない。

健康経営を推進するためには、適切なトップダウンと適切なボトムアップのどちらも必要で、両者をうまく組み合わせることが重要である。そのためには、経営者側と従業員側の双方が十分にコミュニケーションをとり、まず自社が健康経営に取り組む目的、制度の内容を正確に理解し共通の認識としておくことが肝要である。

②経営理念の再点検

　健康経営優良法人の認定要件の一番目の項目は「経営理念（経営者の自覚）」である。具体的には、健康宣言としてどのような内容を策定しているか、健康宣言をどのように社内に発信しているか、健康宣言をどのように社外に発信しているか、という質問に回答することになる。このことから、私は健康経営に取り組む最初の段階で、自社の経営理念の内容を再点検することをお勧めしたい。

　経営理念については、その性格から一旦制定すれば、内容を見直す機会はあまりないのが多くの企業の実態であろう。しかし、事業環境の変化のスピードが速くなっている現在、昔の経営理念が現状にあわなくなっているということはよくある。また、形骸化して従業員の共感を得られなくなっているケースや、そもそも浸透していないケースも珍しくない。健康経営の取組みはこのような経営理念を再点検する絶好の機会となる。もちろん、まだ経営理念を明確に言語化できていなければ言語化するきっかけとして活用できる。

③継続的な取組み

　前述したとおり、健康経営に取り組んでも、すぐには目に見える成果が出てこないこともある。しかし、そこで諦めず継続的に取り組めば、必ず成果が得らえる。継続的に取り組むためには、施策に

楽しさや面白さの要素を入れるとよい。従業員のなかには、健康経営について「自分には関係ない」とか「面倒くさい」と考える無関心層がいることも珍しくない。無関心層を巻き込んでいくためには、できるだけ従業員の声を取り入れて、「楽しい、面白い」と感じさせることがポイントである。

④情報発信で差別化

　ブライト 500 の評価要素として、健康経営関連の取組みに関する情報発信が重視されていることは前述した。ブライト 500 だけでなくホワイト 500 でも同様である。国は健康経営優良法人にアンバサダーとしての役割を期待しているので、積極的に情報発信することを意識しておくとよい。経営者側と従業員側の双方が十分にコミュニケーションをとることが重要であるが、情報発信が不足すると、従業員は「会社は健康情報を人事考課に使うのではないか」、「自分の健康情報が知られてしまうのではないか」という疑心暗鬼に陥らないとも限らない。そうなると逆効果になってしまう危険性がある。

　情報発信の相手は、社内と社外の両方である。社内については、従業員だけでなくその家族に対しても会社が健康経営に取り組んでいることを伝えると、家族の理解が得られ取り組みが進むことがよくある。また、社外については、取引先、地域・自治体、株主を意識して自社が健康経営に取り組んでいることをホームページ等で積極的に情報開示していく。これらは企業ブランドの向上にも役立つ。

　個別具体的な施策については、紙面の制約もあり割愛するが、既に 5 万 8 千社を超える中小企業が健康経営に取り組んでおり、参考にできる施策も多い。決して負荷の高い施策や難しい施策が求めら

れているわけではない。

　以上、中小企業が健康経営に取り組むことは大きな価値があることをお伝えしてきた。

　国は企業等における健康経営の取組みをさらに促進するため、健康経営の投資対効果を分析、評価する仕組として「健康投資管理会計」をスタートさせた（注5）。また、健康経営を日本ブランドとし国際的なルールづくりを目指す考えを持っている。このような状況からも、今後健康経営に取り組む中小企業はますます増加することが予想される。他社に遅れをとらないためにも、従業員の健康は会社の健康に直結することを認識し、従業員の幸せと自社の事業継続のため、まず健康経営の第一歩を踏み出してみよう。

（注1）「健康経営」は特定非営利活動法人 健康経営研究会の登録商標である。
（注2）日本健康会議は、経済産業省と厚生労働省の協力のもと、経済団体、医療団体、保険者等の民間組織や自治体が連携し、国民の健康寿命延伸と適正な医療について実効的な活動を行うため組織された。活動指針「健康なまち・職場づくり宣言2020」において、2020年度までに健康経営に取り組む企業を500社以上にすること（宣言4）、健康宣言に取り組む企業を1万社以上（2018年度から3万社以上に上方修正）にすること（宣言5）等を掲げた。健康経営優良法人の認定機関でもある。
（注3）健康経営度調査とは、法人の健康経営の取組状況と経年での変化を分析するとともに、健康経営銘柄の選定および健康経営優良法人（大規模法人部門）の認定のための基礎情報を得るために実施している調査で

ある。調査対象は主に大企業であるが、健康経営の重要ポイント等が分かるので中小企業にも参考になる。

（注 4 ）WHO の原文では、「Health is a state of complete physical, mental and social well-being and merely the absence of disease or infirmity.」となっている。

（注 5 ）経済産業省は 2020 年 6 月に「健康投資管理会計ガイドライン」、2021 年 3 月に「健康投資管理会計実践ハンドブック」を公表している。

第10章　中小企業の人財開発における
ゲーミフィケーションの活用

第1節　はじめに

　ゲーミフィケーションとはゲームの持つ「人を夢中にさせプレイを促す仕掛け」、言い換えると「やる気と行動を促進する仕掛け」をゲーム以外の分野に活用する手法のことである。

　本章の目的は、ゲーミフィケーションの仕組みを知り、読者の会社における労務管理を、より楽しく効果的にするための材料とすることである。また、ゲーミフィケーションの知見を得ることは、直接制度として導入するに至らずとも、自社の人事制度を考察する際の大きな補助線となると期待される。

　昨今、企業の人事労務においては従業員の定着率やエンゲージメントの向上が課題とされている。短期間での離職サイクルに伴う採用・教育コストの増加や、生産性の低調の原因の一つとされる会社へのエンゲージの低さはいたるところで議論されている。

　このような状況の打破において、「賃金の向上」といった直接的な報酬の手段をとれない企業はぜひ本章をお読みいただきたい。

　ゲーム好きな方には理解いただけると思うが、ゲームにはまった人間は驚くべき生産性や創造性を発揮する。ゲームをクリアするために、情報を集め、自主的に考え、試行錯誤し、仲間と知見を共有

し、成果が最大になるよう行動するのだ。このような人財が溢れる会社になったら、どのような飛躍になるか想像するだけでも楽しくはないだろうか。ゲーミフィケーションにはそのような人財を生み出すポテンシャルが秘められている。

第2節　ストーリーで学ぶゲーミフィケーション

ゲーミフィケーションの概念から会社組織への応用まで体系的に説明するには紙幅が限られているため、本章ではあるストーリーを基に、ゲーミフィケーションの概要や導入への注意点を中心に説明する。

【ストーリー01】〜中間管理職・田中（39歳）の悩み〜

田中は悩んでいた。田中の勤めている広告制作会社D社はフルタイムとパートタイムの従業員が合わせて80名ほどの創業30年を迎えようとしている中小企業である。業績はここ数年安定しているが、業界の構造変化から経営陣は危機感を抱いている。

現場の課題としては、若年層の定着率が低い点、中堅社員のリーダーシップ（特に部下への関与）の不足、チームをまたがったコミュニケーションの不足などが挙げられていた。勤続10年となり、一般的には課長ともいえるチームリーダーの役割を担っていた田中もそれらは肌で感じていた。

そんな折、所属する制作部の剛力部長から一つの指令がくだった。なんでも従業員同士で感謝を伝えあう"サンクスカード"が社内コミュニケーションの活性化に役立つと聞き、「わが社にも導入したいので任せる」ということだった。

　直感的に田中は「無理だ」と思った。サンクスカードは田中も聞いたことがある。例えば、世界中で質の高いサービスを提供するホテルグループのザ・リッツ・カールトンではファーストクラス・カードと呼ばれる従業員同士で感謝を伝えるカードを贈り合う仕組みを採用している。このことにより多様な職種が混在するホテルにおいても各々が皆の業務を尊敬しあうことにより、ホテル一体となったサービスが提供できる。また、送られた側と送った側の双方が評価され、人事考課の多面的な評価にも貢献している。

　しかし、これは元々の社内風土や業務形態と関連しあう結果であり、わが社のようなちょっと冷めた人間が多く、個人主義の強い雰囲気では難しいだろう。形だけカードを配布して、場合によっては記入を強制したとしても、すぐに誰も書かなくなるのは目に見えている。そのような導入の掛け声だけが大きくて自然消滅した、失敗としての記憶にさえ残らない社内プロジェクトはこれまでにいくつもあった。

　そのような時、田中は大学の後輩で、今では中小企業診断士となった藤原と話をする機会があり何かうまくいく方法はないかと相談してみた。
「田中さん、それならゲーミフィケーションという方法を使ってみんなが楽しく参加できるような仕組みにしてはどうでしょうか。」
「ゲーミフィケーション？なんだいそれ。」
「ゲームが持つ人を熱中させる仕組みを他の分野に応用する手法のことです。大学時代、一緒によくモンハン※1してたじゃないですか。」
「ああ、あれは楽しかったな。テスト前なのに寝る時間を割いてでもやってたな。ネットでいろいろ攻略法を調べたり、大学の食堂で

みんなと強敵を倒す戦略を考えたり」

「やれと言われたわけでもなく、１円も報酬が出ないのに何時間も
プレイしてましたよね。ああいうゲームの力、やる気を引き出して
夢中にさせて、長く何度もプレイさせるゲームの仕掛けを使うんで
すよ」

「そんなことできるのかい？」

田中はまずゲーミフィケーションに必要な要素から教えてもらった。

※１　モンハン＝ここでは「モンスターハンター ポータブル 2nd G」のこと。携帯型
ゲーム機の PlayStation Portable でプレイでき、最大４名の協力プレイができる。2008
年の発売から 10 年間で 400 万本以上を売り上げた大ヒット作。

１．ゲーミフィケーションの要素

ゲーミフィケーションに必要な要素は以下の４点である。

（１）目標
（２）見える化
（３）即時フィードバック
（４）報酬

（１）目標

　何をすべきかが明確になっている必要がある。また、ゲーム自体
の大きな目標とともに、まず目指すべき小ゴール、そして目の前の
とるべきアクションがわかりやすく示されていることも重要である。
一般的にはチュートリアルによってゲームシステムに慣れるととも
に目的を示していく。

　日本に RPG の概念を普及させた名作「ドラゴンクエスト」（以下ド
ラクエ）を例にすると、冒頭、主人公は王様より竜王（ゲームのボ

ス）を倒すというゴールを示される。その後、次にとるべき行動は
ステップバイステップで明確に表示される。次の行動は兵士に話し
かけることであると伝えられる。兵士に話しかけると次の行動は隣
町に行き、武器と防具を買いそろえることであると告げられる、と
いった具合である[※2]。

※2　説明の簡素化のため一部過程を省略している。

（2）見える化
　自分がどのような状況に置かれているかがすぐにわかる必要があ
る。これはプレイヤーの状態・実力とともに、ゲームフィールドの
環境・現在地が明確に示されることが重要である。
　ドラクエではトータルの強さを示す"レベル"をはじめ、"ちから"
や"すばやさ"などの個別のステータスが数字で表示される。また、
主人公の状態についても、危険な水準に陥ると画面の文字が赤くな
り注意が促される。

（3）即時フィードバック
　プレイヤーの行ったアクションに対してすぐに反応があることが
必要である。
　ドラクエではモンスターとの戦闘の際に、攻撃をすると効果音が
鳴ったり、攻撃を受けると画面が揺れたりする。

（4）報酬
　魅力のある報酬が必要不可欠である。一般にゲームにおいては金
銭や物品のような外的報酬よりも、達成感やバッジ（後述）といっ
た内的報酬であることが多い。

ドラクエでは映画のようなエンドロールと当時の技術では最先端だった音楽がプレイヤーの感動を誘い、深い達成感を提供した。

【ストーリー02】〜田中の気づき、人事管理との共通点〜

なるほど、こうして考えると、ただ単にサンクスカードを導入したところで「サンクスカードを書く」という（1）目標があるだけで、（2）〜（4）の要素が不足している。しかも「サンクスカードを書く」だけでは目標としてもあいまいであり、やる気が起きてくる気がしない。しかし、もし（2）〜（4）があれば、少しは面白いような気がする。

ゲーミフィケーションに必要な要素を見てみると、田中は人事管理に必要な要素とほぼ共通していることに気づいた。

わが社のような中小企業には人事部という独立した部署がない。そのため人事管理的な役割は実質、田中のような中間管理職に、つまり現場に任されている。ゲーミフィケーションの導入の前に、動機づけと行動の促進のためには、現在の人事管理の仕組みにこの4要素がしっかりと反映されているか、不足がないかどうかの確認を行ってみるのも必要だと思った。

（1）目標：会社のビジョンのような大きな目標と、日々の取り組む役務上の行動目標がしっかりと共有・理解されているだろうか？
（2）見える化：作業の進捗状況や、従業員自身の能力・評価がわかりやすく客観的に提示されているだろうか？
（3）即時フィードバック：作業の結果はすぐに進捗に反映されるだろうか？業務上の優れた点、反省すべき点はすぐに本人に伝わっ

ているだろうか？

（4）報酬：仕事に情熱を注ぐだけの報酬が提示されているだろうか？金銭的な報酬のみではなく、達成感や自己肯定感を高める報酬も与えられているだろうか？

　田中の考えでは、D社には（1）〜（3）は業務に差しさわりがない程度には整っている。（4）報酬についても給与自体は、上を見ればきりがないし、業界や自分の職能を考えると文句がいえない程度にはもらえているはずだ。しかし、達成感や自己肯定感はどうかと聞かれると返答に困ってしまう。（1）目標にしても、日々の業務目標は掲げられていても、情熱を生み出すビジョンについて聞くことは最近ではほぼない。知らず知らずのうちに、職場はただ与えられた業務をこなすだけの場になっているようだ。

「ひょっとして、みんなも僕と同じように感じているとしたら職場の雰囲気が冷めているのも当然かもしれない。」

2．報酬の注意点

　ビジネスシーンにおけるゲーミフィケーションの応用においては（2）見える化と（3）即時フィードバックをいかに面白くするか、デジタルデバイス等を使って操作性の良いものにするか、に注力されがちである。

　しかし、人財のマネジメントにおいては（1）目標と（4）報酬の設計が非常に重要となる。（2）見える化と（3）即時フィードバックは業務の結果を伝える方法論の部分であり、（1）目標と（4）報酬は人財マネジメントの根幹をなす部分だからである。

特に（4）報酬については慎重な検討が必要である。例えば営業活動を"営業売上を競争させ、上位に報奨金を出す"といったゲームにするような行為は、一見ゲーミフィケーションの素直な応用に見えるが、その理想からはかけ離れたものになる。動機づけされるのは勝者に近い一部の者に留まり、その他の勝者になれない者は競争行為を強制させられることになるからだ。

そもそも、金銭報酬などのモチベーションを外部から刺激する外部報酬には、動機づけの限界がある。近年の社会心理学や自己決定理論では、外部報酬よりも内部報酬（＝達成感や自己承認欲求を満たす報酬）の方が、より人を動機づけすることが示されている。ゲーミフィケーションはこの内部報酬をより魅力あるものにする仕組みともいえる。人によって魅力を感じる内部報酬は異なることがあるため、実際のスタッフや会社の風土にあった報酬を設計することが必要である。

【ストーリー03】〜田中のゲーム設計、剛力部長との衝突〜

田中はしばらく検討したのち、サンクスカードに"イーネ"という名前を付けて次のような仕掛けを考えた。

①誰かのいいねと思った行動を投稿する＝イーネをあげる。（仕事上のサポート、落ちているごみを拾う、元気に挨拶するなど内容は何でもよい）

②イーネをあげた人、もらった人の両方に１イーネポイントが付与される。

③イーネポイントは、ポイント数に応じた景品と交換できる。（景品は１ポイント＝10円換算程度の駄菓子を多種類用意する）

　この案は多くの予算を必要とせず、導入も容易なため剛力部長にも承認された。しかし、ゲームの要素を深める施策において田中と剛力で意見が食い違った。田中は藤原に意見を聞くことにした。

　「投稿とポイントの付与はスマートフォン上のアプリにしたかったけど、予算や個人情報保護のリスクから手作りのカードになったんだ。そもそもアプリの開発や運用ができる人が社内にいないし。」

　「田中さん、この仕掛け、なかなか良いと思いますよ。今回の目的がコミュニケーションの活性化であることを考えると、投稿内容を業務に絞らない方が参加しやすいし、あげた人ともらった人の両方にポイントが入るのも多くの人を巻き込めると思います。ただ、イーネの投稿だけだとちょっと単調になるかもしれませんね。」

　「で、相談なんだけど、もっとゲーム性を高めようと思ってポイントの累計を次の目標にしようとしたんだ。例えば、"全員で 1000 イーネを集めよう"みたいな。」

　「方向性は面白いと思います」

　「そうしたら剛力部長"それならスタッフ間での競争にしよう。年間でイーネを一番多く集めた奴にはボーナスだ"なんて言い出したんだ。僕はスタッフ間で競争するのはあまり好きじゃないんだ。」

　「好きなプレイスタイルは人それぞれですからね。ただ、ゲーミフィケーションの導入は担当者、今回の場合は決定権を持つ剛力さん、または運用を行う田中さんの主観に捕らわれないようにしたいですね。客観的に判断できるように、プレイヤーのタイプについて知っておくとよいと思います。」

3．プレイヤーのタイプ分類

　ゲーミフィケーションではプレイヤーの理解を行うことが重要で

ある。何により動機づけされるのか、どういった報酬がより誘因力を持つのかなど、社内にゲーミフィケーションを導入する際には担当者の主観に囚われないように行いたい。

　プレイヤーの性格分類にはいくつかの方法があるが、ここではゲーム研究者リチャード・バートルの提唱したバートルテストの4分類を紹介したい。

バートルテストの4分類

A：達成者（アチーバー）タイプ

　自分のレベルアップや目的を達成することに喜びを感じるタイプ。達成率が数値で表示されると 100%を目指したくなる。反面、目標があいまいな場合や、達成が困難すぎる場合はやる気が出ない。

B：探検家（エクスプローラー）タイプ

　ゲームの背景やストーリーを深く理解したいタイプ。新しい要素を見つけることや、挑戦的なプレイを好む。順位よりも新たな発見

を好む。定型的な作業が多くなると関心が減る。

C：社交家（ソーシャライザー）タイプ
　仲間と一緒にプレイすること自体が好きなタイプ。交流自体がモチベーションの源になる。チームへの参加や仲間からの賞賛などに喜びを感じる。モチベーションは参加するチームの人間関係に大きく左右される。

D：キラータイプ
競争や優位に立つことを楽しみに感じるタイプ。ランキングなどで強さが可視化されるのが好き。意識する相手には負けたくない。

　ゲーミフィケーションの社内活用においては、ゲーム設計者自身がどのタイプに当てはまるかを考え、他のタイプでも楽しめるよう偏りのないゲーム設計になっているかを客観的に捉えることが重要である。傾向として男女には好みのゲームの種類に違いが見られるし、社風によっても従業員の多くが興味を抱かないタイプのゲームがあるかもしれない。
　また、このようなタイプ診断は参加者のモチベーションがどこにあるかを探るのに役に立つ。しかしながら、このタイプは状況や時期により変化するので、安易なラベリングを行わないように注意したい。

【ストーリー04】〜田中の社内分析〜

「剛力部長はキラーだね。でも社内にはキラーはあまり多くない気がする。どちらかと言えば達成者、探検家が多いのかな。僕自身は

探検家と社交家の間くらいだと思う。」

「剛力さんの案も面白いですが、いきなり競争心を煽ったり、ボーナスのような高額の外部報酬を掲げたりするのは少し危険かもしれませんね。もう一つ、ゲームの構造についても知っておくと役に立ちます。」

4．ゲームの構造

　ゲームはプレイヤー同士の影響の有無により、ソロプレイとチームプレイに分類できる。また、ゲームの相手によって競争型と達成型に分類できる。

　ゲームの与える効果には、その構造によって得手不得手がある。ゲーミフィケーションを検討するにあたっては、自社の目的や状況にふさわしいゲームの構造を選択できるように、その特徴を把握しておきたい。

・ソロプレイ

　プレイヤー間でプレイの結果が影響しあうことがなく、それぞれが独立したシステムの中でプレイする。

　個人のペースで進められる、報酬の基準が明確、などのメリットがある。作業の遂行やスキル習得などの場面に向く。

・チームプレイ

　必然的にコミュニケーションをとる必要があるため、社内の交流に役立つ。初心者と熟練者を混ぜることで外部化されていない知識を共有しやすい。定型化された作業よりも企画立案など発想の飛躍が求められる場面に向く。

・達成型

　目標に対する達成を目指すという、ビジネスの前提とほぼ同じためゲーミフィケーションを行いやすい。

・競争型

　短期的な営業促進等には有効だが、社内でのゲーミフィケーションにはあまり適さない。勝者になれなかった敗者の動機を減らしてしまう場合が多いためである。他企業や業界水準といった外部に競争相手を設定する工夫を行いたい。

　上記の構造は固定的ではなく、重複する部分を設けたり、意図的に短期間変更したりすることもできる。

　例えば、通常はソロプレイ・達成型で営業スキルの向上を目指すが、一定期間はチームを結成し売上を競うチーム・競争型にし、チーム内でスキルや顧客情報の共有を図る場合である。

【ストーリー05】〜田中の改良策、ゲームメカニクスの導入〜

「田中さんの発案したイーネだと、例えばこんなゲームが考えられますね。」

	達成型	競争型
ソロプレイ	各プレイヤーがそれぞれ一定のイーネポイント取得を目指す	各プレイヤーでイーネポイントを競う ※ 剛力部長の初期案
チームプレイ	従業員全員で一定のイーネポイント取得を目指す ※ 田中の初期案	チーム分けしてチーム間でイーネポイントを競う

「田中さんの案は分類するとしたら表の左下です。難しいのは、初の試みなので目標をどのくらいに設定すればいいのかわからない点です。」

「確かにどのくらいのイーネが集まるかはまだわからないな。」

「ゲームの目標は高すぎても低すぎてもやる気が起きません。またお話を聞く限りでは、みんなで一つの目標に向かうような一体感がまだないからイーネを始めるのではないですか?」

「そう考えると、この段階では一人一人のペースで進められる左上の形がいいのかな。でも競うのを面白がる人もいるだろうから、部分的に競争の要素を取り入れてみるのもありかもしれない。」

　その後、田中は剛力部長に競争プレイの注意点を説明し、規模を限定してイーネに導入することにした。具体的には「累計ポイント上位者を毎年恒例の忘年会(イーネ開始後から6か月後時点)で表彰し、粗品をプレゼントする」という、期間と報酬を縮小した企画となった。忘年会では毎年ビンゴ大会などの催しが行われており、その一環としてちょうどいいかもしれない、と田中は思った。

　また、藤原から聞いたゲームメカニクスの具体的な仕掛けを一部イーネの仕組みに取り入れた。(詳細については後述)

・イーネを50ポイント貯めるごとに、当人のイーネレベルが上がり、5ポイントのボーナスポイントが付与される【⇒レベルの導入】
・出張者や帰省者に協力を仰ぎ、景品には全国のご当地銘菓が加わる時もある【⇒コレクション効果の導入】
・景品にランダムボックスを用意する(3ポイントで交換でき、中身は1〜10ポイント分の景品)【⇒ガチャの導入】

・月に数件「変わった視点で書かれた投稿」に対して追加ポイントが付与される【⇒サプライズ報酬の導入】

５．ゲームメカニクス

　ここではゲームメカニクスの代表的な仕組みを紹介したい。これらをすべて一つのゲームに組み込む必要はないが、それぞれがプレイヤーの動機と行動を促進する効果を持っている。

（１）レベル設定

　プレイヤーの能力の見える化である。参加者の状況を示すとともに、次のレベルに進みたいという欲求を生むことができる。一定のレベルになると特定のプレイが可能になる仕組み（アンロック）を取り入れると、さらにレベルを上げる動機づけを行うことができる。次のレベルに到達するために必要な条件・経験が明確に示されているとなお良い。

　例えば居酒屋アルバイトの場合、「勤務時間が 50 時間に達するとレベルが２に上がる」、「200 時間に達するとレベル３」など。レベルが低いうちは、結果を伴わなくとも行動すればレベルアップする方がゲームに巻き込むことができる。高レベルになるには「お客様アンケートで高評価を 10 件もらう」など、何かしらの成果をハードルとして設けることもできる。一定のレベル以上になると、「サブメニューのレシピを教えてもらえる」さらに上がると「焼き鳥の火入れを教えてもらえる」などがアンロックの例になる。

　ゲーミフィケーションにおいてはレベルアップのための条件が数値で明示されることが望ましい。等級制度の昇級にありがちな「〇〇ができるようになる」という記述では、そのスキルを得るまでの

具体的アクションが不明なためゲームの参加意欲を促進しにくい。「ビールをジョッキにうまく注げる」ではなく、「マニュアルに沿った方法でビールと泡が7：3の比率になるように10秒以内で注げる」といった具体的な目標に落とし込むとよい。

　ストーリー中では、レベル自体に大きな意味を持たせていないが、50回のイーネの投稿を小目標として投稿を促すために導入した。

（2）バッジ効果

　特定のタスクを行うと手に入る称号を指す。古くから軍隊における勲章などでも取り入れられてきた。「プレイヤーの達成成果や特定の能力の見える化」といえる。

　社内コンテストの優秀者に与えられるMVPなどのバッジは取得者を限定するため希少性の高いものとなる。バッジ効果は（3）コレクション効果との相性が良く、近年のデジタルゲームに頻出する手法の一つである。

　バッジ効果は社外へのアピールに使えるというメリットもある。接客業において、名札に等級を示す星マークや、対応可能な外国語が記されていることも多いが、これも一つのバッジである。名刺や名札に表記する方法もあるが、今日ではZOOM等のオンラインミーティングの背景に利用する方法もある。

名札の一例

オンラインミーティング背景の一例

　ストーリー中では、月間投稿数の上位になった場合や、違う部署のスタッフにイーネを送るなどコミュニケーションの更なる活発化に貢献するアクションをとった場合にバッジの付与が検討されたが、集計の負荷の面から見送りとなった。

（3）コレクション効果

　人が何かを手に入れると、残りのものも集めたくなる心理を用いた手法である。デジタルゲームにおいては、レアアイテムを集めるために、ゲームクリア後も相当時間プレイすることがある。またバッジなどは全種類の収集を目指すこともゲームに参加する動機となることが多い。

　反面、すべてをコレクションし終わると（コンプリートすると）それ以上ゲームに参加する動機が激減するため、ゲームの設計の根幹部分に係る点でもある。オンラインゲームではアップデートにより新たなミッションと報酬が追加され、プレイヤーをゲームにとどめ続けることが多い。

　ストーリー中では、数に上限のあるレア報酬（全国のご当地銘菓）を不定期に用意することで、参加意欲の高まりを狙った。

（4）ガチャシステム（ギャンブル要素）

　カプセルトイマシンを指すガチャガチャから派生した用語。デジタルゲームではキャラクターやアイテムなどの景品が手に入るが開封するまで中身がわからない。希少性の高い景品が低確率で含まれていることが多く、射幸心を煽るためゲームへの求心力が非常に強い。プレイヤーの力量ではなく、運に左右される要素を加えることでゲーム性を高め参加意欲を上げることができる。

ストーリー中では単調になりがちな報酬（駄菓子）の魅力を高めるために導入した。

（5）サプライズ報酬

突発的な短期イベントによる景品や、隠された条件をクリアすると手に入る報酬。事前に知らされていないことで、プレイヤーはイベントに遭遇するために恒常的にゲームに参加するようになったり、隠された条件にヒットするように多様な行動をとるようになったりする。

ストーリー中では、投稿の内容による追加報酬を設定し、投稿が単調になる・ネタ切れになることを予防した。

以下（6）（7）はストーリー中には登場しないが、近年のデジタルゲームに特徴的なメカニクスであるため紹介する。

（6）チェックイン報酬

ゲームプレイの長短に関わらず、ゲームを開始するだけでもらえる報酬。ゲームを習慣化する必要のあるソーシャルゲームで行われることが多い。1日1回ログインするだけで一定の報酬がもらえる。さらにその報酬でガチャを回せるなどしてプレイへの誘因をさらに促すことも多い。

（7）サブタスク

ゲームのメインストーリーから離れて、プレイヤーの選択によって行うタスク。単純にバッジの収集である場合や、メインストーリーの進行に有利になるアイテムが手に入る場合もある。プレイヤーに

とっては自己決定感を感じられるため、基本的なストーリーに従う必要のある RPG などで活用される。

【ストーリー06】〜イーネ開始！停滞と改善〜

　ゲーム開始後、想定を超える参加者数が集まり、イーネの投稿も安定した数で推移していた。

　小規模な取り組みであったが、次第にコミュニケーションは以前に比べ活発になっていった。コストは 1 日あたり、景品代：200 円程度、運営の対応時間：約 20 分であり、許容される範囲内であった。

　まずはリーダー層からイーネの投稿を積極的に行うように協力を仰いだ結果、次第にイーネを受け取った若手スタッフの間にも広がっていった。年齢が高い者ほど、参加に消極的だったが、意外にも剛力部長が数多く投稿し、影響を受けた年長者も少しずつ投稿するようになっていった。

　ところが、年末（ゲームの期限）に近づくにつれ、参加者が特定のスタッフに限定されるようになってきた。ポイントの取得状況は逆転できる余地がないほど差が広がっており、結果はほぼ決まっていた。そのため、そもそもそれほど積極的ではなかった参加者はプレイから遠ざかるようになっていた（単純に「飽きた」という理由もあった）。

　そこで田中は、イーネポイントと交換できる景品に"福引券"を追加した【⇒より魅力的なガチャの追加】。

　これは忘年会で行われる福引の抽選券であり、福引の景品はイーネで交換できる景品（駄菓子）よりも圧倒的に高価なもの（カタログギフトや amazon ギフトカードなど）が提供される。当然だが、イーネを集めて福引券を多く持てば持つほど当選確率は高くなる。

この施策により 12 月のイーネの投稿数は過去最高となった。

6．ゲーミフィケーション導入の注意点

　ゲーミフィケーションの導入においては考慮しなければならない重要な点が 3 つある。コスト、期間、そして運営である。

・コスト

　導入するゲームの形態によって異なるが、ゲームプレイに必要な時間（ストーリーでは各スタッフがイーネを投稿する時間）も人件費として必要コストとなる。外部報酬を用意する場合はその費用も必要である。当然だが、これらの費用を上回る効果を生むゲームを設計したい。

・期間

　競争型のゲームの場合、参加者が飽きない期間を設定するのが望ましい。逆転が不可能になった時点でゲームへの関心は急激に減少する。逆転要素を取り入れる方法（「最終月は獲得ポイント 10 倍！」など）もあるが、度が過ぎるとそれまでの努力を無駄に感じてしまい逆効果になる。競争期間を区切ってリセットする方が不満の声が起きにくい（6 か月の競争を 2 か月のミニレース×3 にするなど）。競争期間を区切ると中途入社スタッフでも参加しやすいといったメリットもある。

　達成型ゲームの場合もゲームクリアに必要な想定期間を設けたうえでゲーム開発を行うのがよい。新人研修をゲームにするような場合は、入社後 1 年間を基準のプレイ期間とするなどである。この場合はゲームの内容を「入社後 1 年間で身に着けるべきスキルの取得」

に設定したうえでゲーム内容を逆算して開発する。

　そして、期間の設定とともに、ゲーム開始後も参加者を置き去りにしないための工夫が必要である。それを行うのが運営である。

・運営

　ゲームの実務的な作業・進行を行うだけでなく、ゲームを盛り上げる役目を担う。社内の交友の広い、または影響力の大きいスタッフを巻き込むと盛り上げやすい。

　ストーリーでは田中は初期の段階でリーダー層に協力を仰ぎ、スタート時の盛り上がりを促進させた。また、図らずも剛力部長が好意的プレーヤーとなり、田中では拡散しにくい年長者を巻き込むのを助けてくれた。

【ストーリー07】〜イーネ大成功！田中の涙〜

　忘年会は例年になく盛り上がり、過去の優れたイーネを読み上げる場面では泣き出す者も出る様子であった。何を隠そう、剛力部長により運営としてのねぎらいと賞賛を与えられた時には、田中自身も涙ぐんでしまった。

　忘年会場を見渡すだけでも、一年前よりもあちこちのグループで会話が盛り上がっているように見える。最近では業務上でもチームを超えたやり取りが増え、イーネの施策はコミュニケーションの活性化に一定の成果を果たしたといえる。

　後の社内アンケートでは次のような意見が挙げられた。

・普段接点がない人から褒めてもらったときは嬉しかった

・直接褒めるのは恥ずかしいが、記入式なら伝えられる

・前よりも相談しやすい雰囲気になったと思う

・この仕組みは続けた方がよいと思う

・剛力部長をはじめ、上層部はこんな細かいところまで見ているのかと感心した

　想定以上の参加者と効果を得た理由は、お互いが賞賛しあうというゲーム設定にあったように見える。景品の駄菓子自体は客観的にみても報酬としてそれほど魅力があるものではない。むしろ褒め合うという気恥ずかしさを隠すための装置として働き、ゲームの活性化を助けてくれたのかもしれない。イーネのポイント獲得競争は忘年会をもって終了したが、仕組みそのものは継続することになった。

「というわけで、おかげさまでイーネは大成功だったよ。」

「おつかれさまでした。途中で福引券を導入したのはまさに妙手でしたね。大胆にゲームの構造を変えながら、上位者のやる気を損ねずに大勢の参加意欲を回復させるなんて、なかなかできませんよ。」

「そういってくれると嬉しいよ。しかしゲーミフィケーションって役に立つんだね。」

「そうですね。ゲーミフィケーションは動機付け、行動の促進、目標の達成を目指す方法なので、幅広い分野に応用が可能です。今回は社内コミュニケーションの向上が目的でしたが、資格取得などのスキルアップや、ミスの削減といった生産性向上、新しい企画の立案といったクリエイティブなことにも展開できます。」

「そいつはすごいな！実は今回の件で、剛力部長もゲーミフィケーションをもっと取り入れたいと意気込んでいるんだよ。でも正直僕はゲーミフィケーションの専門知識があるわけじゃないし、限界だ。うちみたいな中小企業がゲーミフィケーションを活用するにはどう

すればいいのかな？外部にお願いするのがいいのかな？」

「私の知る限りでは、ゲーミフィケーションの専門家というのはあまり多くないですね。ただ、今回田中さんがすばらしい結果を出したように、ゲーミフィケーションの要素やゲームメカニクスを知るだけで、面白い案を出してくれる人財はきっと社内にいると思いますよ。」

「そうだといいな。でも困ったらまたよろしく頼むよ。あと、ゲームの媒体なんだけど、剛力部長は"これからは DX だ、デジタルでゲーミフィケーションを進めるぞ"なんて言ってるんだけど。」

「最近ではテレワークも増えてきているので、オンラインに対応していると便利な時もあるかもしれません。最近ではゲーミフィケーションを取り入れたビジネス用のアプリが出てきています。やりたいことが明確になっているのならば、営業管理や労務管理のアプリを検討するのも一つの手です。今回のイーネのようなサンクスカードの機能をもったアプリもいくつか開発されています。比較してみるといいかもしれません。もちろん導入にはコストが必要になる場合がほとんどですが。

　ただ、忘れてはいけないのは、人財開発にゲーミフィケーションを活用するというのはプレイヤー、つまり社内の人材を理解し、やる気を高めて、働くのが楽しくなるような環境や仕組みを作るということです。デジタルを活用して面白いゲームを作ること自体ではないんです。まあできるに越したことはないですが。」

「そうだね、今回イーネを考えるときに再確認したよ。サンクスカードへの向き合い方ひとつとっても、人のやる気のスイッチや性向っていろいろなんだなって。会社の事業に全員が熱量を持つように巻き込んでいくのはすごく難しいね。そこでゲーミフィケーションの

考えは役に立った。

　例えば即時フィードバックの重要性だよね。仕事の評価や感謝なんて、前は一年に一回の査定の時に短い評価文でもらうだけだったけど、小さなことでも頻繁にあるとそれだけで違うなあ。あとはイーネを書くっていう目的があるだけで、日々スタッフのいろんな面を気づくようになったよ。前よりもスタッフのいいところを見つけたり、ちょっと危ないなって時には早く軌道修正できるようになったりしたと思う。僕もリーダーとしてちょっとは成長できたんじゃないかな。」

第3節　会社をクソゲー化しないために

　デジタルゲームにおいては、「神ゲー」と呼ばれる極めて優れた名作の裏に「クソゲー」とも「無理ゲー」とも呼ばれるプレイヤーにとって面白くないゲームや初めから詰んでいてクリアのしようのないゲームが存在する。

　近年では「ブラック企業」と呼ばれる劣悪な労働環境や待遇の会社が話題となった。このような企業は場合によっては労働基準法をはじめとした法規に抵触するため問題となりやすい。

　しかし、自社の労働条件が平均並みもしくはそれ以上であっても、人事システムに魅力がないため、従業員の業務に対する動機が低く生産性の低さにつながるような会社、優れた人的資源を長期にわたり維持できないような会社、つまりクソゲー会社に陥っていないかは常に意識しておきたい。

　プレイヤーは自分の貴重な時間をより魅力的なゲームに費やすために、面白さを感じないゲームは早々に切り捨てる。ゲームに飽き

れば乗り換える。クリアしてしまえば（それ以前に最終結果が見えた時点で）それ以上プレイする動機がなくなる。そのため昨今のゲーム業界では、開発とともに運営を強化し、プレイヤーを留めておくために不断の努力を払っている。この状況は優れた人財の確保に向き合っている多くの企業と非常に似通っており、参考にする部分も多いのではないか、その発想が本章の執筆に至ったきっかけである。

　ゲーミフィケーションは、プレイヤーの深い理解を必要とする試みであり、心理学や行動経済学などの様々な学問の知見が活用されている。さらにゲームに関するテクノロジーの発達と合わせて、日々その手法は進化し続けている。そのためゲーミフィケーションについて理解を深めることは、人事評価や体制構築の大きなヒントを得ることにつながるだろう。読者の会社を「神ゲー会社」にするために、本章がわずかでも貢献できたなら何よりである。

参考図書

・ブライアン・バーク『GAMIFY ゲーミファイ』東洋経済新報社
・ジェイン・マクゴニガル『幸せな未来は「ゲーム」が創る』早川書房
・岡村健右『ゲームの力が会社を変える』日本実業出版社
・長尾一洋、清永健一『「仕事のゲーム化」でやる気モードに変える』実務教育出版

著者紹介

上井　光裕
かみい　みつひろ

1955 年　石川県生まれ　第 1 章担当
中小企業診断士、エネルギー管理士、甲種ガス主任技術者、1 級土木施工管理技士、1 級管工事施工管理技士、エグゼクティブ・コーチほか保有資格 472（令和 4 年 10 月現在）
石川工業高専土木工学科卒業、産能大情報マネジメント学部卒業

東京ガス㈱に 35 年在籍　ガス導管の建設・維持管理、IT化、地震対策、緊急保安・人材育成　などを歴任
退職後、人材育成を専門とする中小企業診断士として独立、アップウエルサポート合同会社代表、エネルギー業界・建設業界の人材育成、企業研修・企業診断、資格試験の取得支援を実施、東京診断士会人財開発研究会代表、

講師歴：建設会社所課長研修、測量設計会社新入社員研修、同中堅社員研修、建設会社・ガス会社コンプラ・リスク研修、同目標管理研修、商工会議所 OJT・コーチング研修、ガス主任技術者資格講座、土木 1 級講座、労働安全特別教育講師ほか

執筆：新・中小企業診断士の実像（同友館）、そうだったのか！中小企業研修（三恵社）、「資格の達人ブログ」累積 5 百万アクセス

趣味　百名山登山、百名城巡り、百名湯巡り、資格マニア

齊藤　信
さいとう　まこと

1971年　静岡県生まれ　第2章担当
中小企業診断士
山形大学工学部機械システム工学科卒業

経歴

　1994年大学卒業後、大手工作機械メーカーに入社。生産技術部にて生産管理システム開発はじめ MES(製造実行システム)、FMS(Flexible Manufacturing System)などのファクトリーオートメーション化に従事。その後、経営企画部門にて中国、インド、ドイツなどの拠点戦略、グループ子会社育成、中期経営計画策定などを経験後、人事部門にて人事企画、人材開発の責任者を歴任。業界トップの採用ブランディングに成功。
現在は、大手専門商社にて人事企画責任者として、組織開発を中心に人的資本の価値最大化へ向けた取り組みを推進。

執筆
労政時報　3965号「HRテクノロジーを実務に活かす」
受賞
第3回HRテクノロジー大賞　奨励賞受賞(2018年)
第3回学生が選ぶインターンシップアワード 優秀賞受賞（2020年）

土居　弘之
どい　ひろゆき

1974 年　東京都生まれ神奈川育ち　第 3 章担当
保有資格：中小企業診断士、国家資格キャリアコンサルタント、ファイナンシャルプランナー技能検定 2 級
経　　歴：慶應義塾大学理工学部管理工学科卒業。

大学卒業以来、株式会社ヤクルト本社に勤めており、これまで 4 部署を経験。入社後、一年間の現場研修ののち、10 年間、情報システム部に従事。SE として主にユーザ支援やシステム設計等に携わる。中小企業診断士取得はこの時期。

次に、国内営業の拠点である近畿支店に異動、それまでのキャリアを生かした IT を活用した業務改善に加え、広報活動に従事。地域ならびに顧客密着型のプロモーション活動を経験し、人と人とのコミュニケーションの重要性を実感できた時期。

続いて、9 年間、人事部に従事。社内の人事制度の運用や法令対応、また、採用活動等に取り組む。後半はリーダーとして社内人事制度の全面改定に着手。処遇のメリハリ、ならびに、賃金カーブの見直し等、時代にあった人事制度を構築。また、この時期に管理職に昇格し、マネジメント機会を本格的に経験し始める。人事評価や個別面談を通じた人材育成の有効性を実感し、その経験から今回の執筆にも至っている。

2022 年からは現部署である販売会社経営ソリューション部に所属、ヤクルトの国内販売会社の経営課題解決に向けた、提案・企画・支援を行っている。

仕事におけるモットーは「信頼」と「継続」。特に「人づくり」「人間関係」を大切にすることを信条としている。

西郷　正宏
さいごう　まさひろ

1956 年 3 月　東京都生まれ　第 4 章担当

経営コンサルタント
玉川大学工学部電子工学科卒
早稲田大学ビジネススクール修了

保有資格等：中小企業診断士、
国家資格 システムアナリスト、同 情報処理システム監査技術者、
国家資格 2 級キャリアコンサルティング技能士、
日本経営管理学会 正会員、音楽療法カウンセラー

業務履歴：ＩＴサービス企業に 43 年間勤務。その間、某官庁でのシステム開発、システム運用コンサルティング等に 9 年間従事。ビジネススクールに 1 年間国内留学しマーケティング等を学んだ後、株式公開及び上場準備含む企画業務に 12 年間従事。投資家広報含む広報業務に 7 年間従事。その後、人事部長及び執行役員として人事業務に 6 年間従事。障害者雇用特例子会社で代表取締役社長を 6 年間務め、2021 年に経営コンサルタントとして独立。

講師歴：日経 BP 社主催の役割等級人事給与制度構築セミナー講師、日本生産性本部主催セミナー講師、千葉大学非常勤講師など

執筆：「製造業のための戦略的情報化マニュアル」(共著)通産資料調査会/1999年、「産学連携への疑問と期待」(論説)日本設備管理学会/2006 年、「これからの日本社会におけるキャリアデザイン」(研究ノート)日本経営管理学会/2014 年、「情報産業史から見た IT トレンドの本質と意義」(研究論文)日本経営管理学会/2019 年

趣味：jazz ヴォーカル、朗読、ブログ執筆

長瀬　進
ながせ　すすむ

1956 年　神奈川県横浜市生まれ　第 5 章担当

中小企業診断士、特定社会保険労務士、キャリアコンサルタント、第 1 種衛生管理者、2 級ファイナンシャルプランニング技能士、琴古流尺八免許皆傳、虚無僧研究会終身会員

早稲田大学法学部卒業
ＤＩＣ㈱に 39 年在籍　賃金人事マネジメントシステム・人事情報システムの企画開発運用、教育訓練体系の制定、国内 5 工場の管理責任者、工場長補佐、企業年金基金役員　などを歴任
退職後、人事労務の仕組みづくりを専門とするＥＩＳ経営労務研究所を開設、賃金人事制度の導入支援、働き方改革推進に従事。

執筆：第 13 次・第 14 次業種別審査事典（きんざい）

趣味：長管尺八による古典本曲吹奏、日本近現代史研究

連絡先：eis.nagase@keieiromu.eis-c.jp

湯山　空樹
ゆやま　うつぎ

1968 年　東京都生まれ　第 6 章担当

中小企業診断士、特定社会保険労務士、ＡＦＰ（日本ＦＰ協会認定）

早稲田大学商学部卒業
大学卒業後、大手素材製造業に勤務し、主に人事部門中心に業務に従事。工場労務、本社人事、グローバル人事、HRBP 等の一連の業務に従事し、現在は国内人事部業務を統括。2010 年から 4 年半、中国に赴任。
中小企業診断士、特定社会保険労務士の資格を企業内で活かしつつ、副業で企業支援や市民相談等の業務に携わっている。

今井　靖
いまい　やすし

1960 年　東京都生まれ　第 7 章担当

中小企業診断士、特定社会保険労務士、行政書士（試験合格）
マンション管理士、宅地建物取引士、1 級ファイナンシャル・プランニング
技能士、第 1 種衛生管理者、事業再生士捕、事業再生アドバイザー、DC（確
定拠出年金）プランナー、健康経営アドバイザー他

日本大学経済学部卒業
1983 年三井銀行（現三井住友銀行）入行。個人・法人取引、IPO 準備支援
等の業務に従事。篠山支店長、志木ニュータウン支店長、ときわ台支店長、
新宿西口支店長、東京中央支店長就任。退任後、（株）ナカボーテック執行
役員総務部長として人事労務、法務、総務、コンプライアンス、株主総会、
上場関係などの業務に従事。現在（株）竹徳ホールディングス取締役、（株）
竹徳取締役総務部長として、事業承継に向けて組織作り、人事労務・総務業
務、2024 年に向けての建設業働き方改革への取り組み、BCP、SDGｓ、健
康経営、労働安全衛生、内部管理体制構築などに取り組む。

講師歴：社内研修（新入社員研修、管理者研修、年金講習、働き方改革研修
　　　　など）
　　　　社外セミナー（銀行でのセカンドライフセミナー、資産運用・年金
　　　　セミナーなど 100 回以上）
趣　味：JAZZ 鑑賞　打楽器　読書　旅行ほか

小松　隆志
こまつ　たかし

1961 年　東京都生まれ　第 8 章担当

スペースＭＩＲＡＩ小松事務所代表
認定経営革新等支援機関、登録 M&A 支援機関

法政大学大学院イノベーションマネージメント研究科修了
中小企業診断士、社会保険労務士、申請取次行政書士
建設会社の会社員として定年直前まで勤務。社歴の前半は国内の建設現場および支店など管理部門、後半は海外の現場、支店等管理部門の事務管理業務全般および新規進出国調査や海外拠点の設立業務を行う。職歴により、多国籍スタッフ混在の組織運営や海外展開全般について多くを経験。法政大学大学院で MBA を取得し、現在は職務経験と保有資格を活用した企業支援を行う。また、政府系公的支援機関および複数の地方公的支援機関のアドバイザーとして中小企業の経営支援業務を行っている。
セミナー歴：
特定非営利活動法人中小企業支援組織向け「安定した人材計画のための効率的な採用方法」、海外展示会出展検討企業向け「海外進出の形態とポイント」ほか

執筆：
「コロナ禍の人流制限下でも工夫しながら海外拠点の運営と人材育成を継続」（月刊工場管理　日刊工業新聞社）

山内　慎一
やまうち　しんいち

1959 年　愛媛県生まれ　第 9 章担当

中小企業診断士、健康経営エキスパートアドバイザー、健康経営プロモーター、国家資格キャリアコンサルタント、産業カウンセラー、理念実現パートナー

神戸大学法学部卒業後、非鉄金属メーカーに入社。
37 年間勤務し、2019 年退職。この間、総務・法務部門、国内事業所の関係会社の人事総務部門、国内・海外プロジェクト、関係会社管理などを担当。海外での精錬工場立ち上げのため、フィリピンにも 2 年 6 か月駐在。

退職後、やまうち未来経営研究所代表。相手の立場に立ち丁寧に相手の話に耳を傾けることをモットーに、健康経営推進の支援、創業支援、経営理念・ビジョン策定支援等を行っている。

社長とそこで働く一人ひとりに寄り添い、希望と自信から生まれる笑顔づくりに貢献することをミッションとしている。

連絡先：sydream.yamauchi@ae.auone-net.jp

藤原　圭佑
ふじわら　けいすけ

1980 年　岡山県生まれ　第 10 章担当

中小企業診断士
横浜国立大学教育人間科学部マルチメディア文化課程卒業

大学卒業直後からフリーの校正・編集者として生計を立てる。
2014 年、結婚を機に東京都内の編集プロダクションに就職。
2015 年、中小企業診断士登録。

勤務企業では制作ディレクション業務に加え、採用・新人教育をはじめとした人材育成全般を担当する。10 章のストーリーの一部はこの経験が基になっている。近年では事業戦略部に所属。広告制作特有の品質管理のノウハウを体系化し、教育コンテンツの販売・制作管理コンサルティングの提供へ事業領域を拡大させる。

現場知識の言語化・構造化を得意とし、企業の強みや想いを伝わる言葉にして、伝えるべき相手に届けることを自らのミッションとしている。

Twitter:@FJWR_tweet

人財開発力を高める１０の方法

2022年12月28日　　初版発行

編　著	上井　光裕		
著　者	齊藤　信	土居　弘之	
	西郷　正宏	長瀬　進	
	湯山　空樹	今井　靖	
	小松　隆志	山内　慎一	
	藤原　圭佑		

発行所　　株式会社　三恵社
〒462-0056 愛知県名古屋市北区中丸町2-24-1
TEL 052 (915) 5211
FAX 052 (915) 5019
URL http://www.sankeisha.com